我所不理解的生活

胡适 著

国际文化出版公司
·北京·

图书在版编目（CIP）数据

我所不理解的生活/胡适著.—北京：国际文化出版公司，2013.11
ISBN 978-7-5125-0593-3

Ⅰ.①我… Ⅱ.①胡… Ⅲ.①胡适（1891～1962）-文集 Ⅳ.①C53

中国版本图书馆CIP数据核字（2013）第256519号

我所不理解的生活

作　　者	胡　适
责任编辑	戴　婕
统筹监制	葛宏峰　王文侠
策划编辑	福茂茂
美术编辑	李丹丹
市场推广	胡红叶
出版发行	国际文化出版公司
经　　销	国文润华文化传媒（北京）有限责任公司
印　　刷	阳谷毕升印务有限公司
开　　本	710毫米×1000毫米　16开 15印张　　　　　　244千字
版　　次	2013年12月第1版 2020年1月第3次印刷
书　　号	ISBN 978-7-5125-0593-3
定　　价	38.00元

国际文化出版公司
北京朝阳区东土城路乙9号　邮编：100013
总编室：（010）64271551　传真：（010）64271578
销售热线：（010）64271187
传真：（010）64271187-800
E-mail：icpc@95777.sina.net
http://www.sinoread.com

哲学是我的职业，

文学是我的娱乐，

政治只是我的一种忍不住的新努力。

出版说明

为了保持胡适著作的原貌，又能给现代读者提供方便的胡适读本，编者参考了多个版本，并对照原文，重新做了校订，主要校订原则如下：

一、旧时的习惯用法，如"它""她"之作"他"、"哪"之作"那"、"地""得"之作"的"，"很"之作"狠"等，根据现行语言文字规范加以改正。

二、对外国人名、地名等，如"莎士比亚"之作"萧士比亚"、"牛顿"之作"牛敦"、"哥伦布"之作"哥仑布"、"薄伽丘"之作"包卡嘉"、"乔叟"之作"赵叟"、"伊莉莎白"之作"伊里沙白"、"培根"之作"倍根"、"蒙田"之作"孟太恩"、"富兰克林"之作"弗兰克令"、"莫里哀"之作"莫逆尔"、"伽利略"之作"葛理略"、"挪威"之作"那威"、"新西兰"之作"纽西兰"、"伊甸园"之作"伊丁园"等，一般不作任何改动，保持原貌。

三、编者根据编选需要，对一些文章进行了增删的，一律在文中添加注释进行说明。

序言 —— 新生活[①]

哪样的生活可以叫做新生活呢？

我想来想去，只有一句话。新生活就是有意思的生活。

你听了，必定要问我，有意思的生活又是什么样子的生活呢？

我且先说一两件实在的事情做个样子，你就明白我的意思了。

前天你没有事做，闲得不耐烦了，你跑到街上一个小酒店里，打了四两白干，喝完了，又要四两，再添上四两。喝得大醉了，同张大哥吵了一回嘴，几乎打起架来。后来李四哥来把你拉开，你气忿忿地又要了四两白干，喝得人事不知，幸亏李四哥把你扶回去睡了。昨儿早上，你酒醒了，大嫂子把前天的事告诉你，你懊悔得很，自己埋怨自己："昨儿为什么要喝那么多酒呢？可不是糊涂吗？"

你赶上张大哥家去，作了许多揖，赔了许多不是，自己怪自己糊涂，请张大哥大量包涵。正说时，李四哥也来了，

[①] 本文是胡适为《新生活》杂志第一期所作，写于1919年8月。

王三哥也来了。他们三缺一，要你陪他们打牌。你坐下来，打了十二圈牌，输了一百多吊钱。你回得家来，大嫂子怪你不该赌博，你又懊悔得很，自己怪自己道："是呵，我为什么要陪他们打牌呢？可不是糊涂吗？"

诸位，像这样子的生活，叫做糊涂生活，糊涂生活便是没有意思的生活。你做完了这种生活，回头一想，"我为什么要这样干呢？"你自己也回不出究竟为什么。

诸位，凡是自己说不出"为什么这样做"的事，都是没有意思的生活。

反过来说，凡是自己说得出"为什么这样做"的事，都可以说是有意思的生活。

生活的"为什么"，就是生活的意思。

人同畜牲的分别，就在这个"为什么"上。你到万牲园里去看那白熊一天到晚摆来摆去不肯歇，那就是没有意思的生活。我们做了人，应该不要学那些畜牲的生活。畜牲的生活只是糊涂，只是胡混，只是不晓得自己为什么如此做。一个人做事应该件件事回得出一个"为什么"。

我为什么要干这个？为什么不干那个？回答得出，方才可算是一个人的生活。

我们希望中国人都能做这种有意思的新生活。其实这种新生活并不十分难，只消时时刻刻问自己为什么这样做，为什么不那样做，就可以渐渐地做到我们所说的新生活了。

诸位，千万不要说"为什么"这三个字是很容易的小事。你打今天起，每做一件事，便问一个为什么——为什么不把辫子剪了？为什么不把大姑娘的小脚放了？为什么大嫂子脸上搽那么多的脂粉？为什么出棺材要用那么多叫化子？为什么娶媳妇也要用那么多叫化子？为什么骂人要骂他的爹娘？为什么这个？为什么那个？——你试办一两天，你就会觉得这三个字的趣味真是无穷无尽，这三个字的功用也无穷无尽。

诸位，我们恭恭敬敬地请你们来试试这种新生活。

民国八年八月

目录

第一章 我的信仰

易卜生主义 /003

不朽——我的宗教 /017

"我的儿子" /024

哲学与人生 /030

名　教 /034

人生有何意义 /042

慈幼的问题 /044

青年人的苦闷 /048

第二章 我的娱乐

一个问题 /055

终身大事——游戏的喜剧 /061

差不多先生传 /071

《尝试集》节选 /073

文学改良刍议 /076

建设的文学革命论：国语的文学——文学的国语 /086

什么是文学——答钱玄同 /098

当前中国文化问题 /101

第三章 当我们谈政治，我们谈些什么

归国杂感 /109

多研究些问题，少谈些主义 /114

争自由的宣言 /118

我们要我们的自由 /121

好政府主义 /123

我们的政治主张 /128

我的歧路 /132

请大家来照照镜子 /138

我们走哪条路 /144

在民主与独裁的讨论里求得一个共同政治信仰 /154

个人自由与社会进步——再谈"五四"运动 /158

我们要求外交公开 /162

自由主义 /165

双十节的感想 /170

容忍与自由 /173

"五四"运动是青年爱国的运动 /178

第四章 渴望生活

新思潮的意义——研究学问 输入学理 整理国故 再造文明 /189

非个人主义的新生活 /196

梦想一个理想的牢狱 /204

赠与今年的大学毕业生 /205

信心与反省 /209

新年的梦想 /214

宁鸣而死，不默而生 /217

附录：胡适年谱 /223

第一章　我的信仰

易卜生主义

原载《新青年》第四卷第六号
一九一八年六月十五日

一

易卜生最后所作的《我们死人再生时》（When We Dead Awaken）一本戏里面有一段话，很可表出易卜生所作文学的根本方法。这本戏的主人翁是一个美术家，费了全副精神，雕成一副像，名为"复活日"。这位美术家自己说他这副雕像的历史道：

我那时年纪还轻，不懂得世事。我以为这"复活日"应该是一个极精致、极美的少女像，不带着一毫人世的经验，平空地醒来，自然光明庄严，没有什么过恶可除。……但是我后来那几年，懂得些世事了，才知道这"复活日"不是这样简单的，原来是很复杂的。……我眼里所见的人情世故，都到我理想中来，我不能不把这些现状包括进去。我只好把这像的座子放大了，放宽了。

我在那座子上雕了一片曲折爆裂的地面。从那地的裂缝里，钻出来无数模糊不分明、人身兽面的男男女女。这都是我在世间亲自见过的男男女女。

（二幕）

这是"易卜生主义"的根本方法。那不带一毫人世罪恶的少女像，是指那盲目的理想派文学。那无数模糊不分明、人身兽面的男男女女，是指写实派的文学。易卜生早年和晚年的著作虽不能全说是写实主义，但我们看他极盛时期的著作，尽可以说，易卜生的文学，易卜生的人生观，只是一个写实主义。一八八二年，他有一封信给一个朋友，信中说道：

  我作书的目的，要使读者人人心中都觉得他所读的全是实事。（《尺牍》第一五九号）

人生的大病根在于不肯睁开眼睛来看世间的真实现状。明明是男盗女娼的社会，我们偏说是圣贤礼义之邦；明明是赃官污吏的政治，我们偏要歌功颂德；明明是不可救药的大病，我们偏说一点病都没有！却不知道：若要病好，须先认有病；若要政治好，须先认现今的政治实在不好；若要改良社会，须先知道现今的社会实在是男盗女娼的社会！易卜生的长处，只在他肯说老实话，只在他能把社会种种腐败龌龊的实在情形写出来叫大家仔细看。他并不是爱说社会的坏处，他只是不得不说。一八八〇年，他对一个朋友说：

  我无论作什么诗，编什么戏，我的目的只要我自己精神上的舒服清净。因为我们对于社会的罪恶，都脱不了干系的。（《尺牍》第一四八号）

因为我们对于社会的罪恶都脱不了干系，故不得不说老实话。

二

我们且看易卜生写近世的社会，说的是一些什么样的老实话。第一，先说家庭。易卜生所写的家庭，是极不堪的。家庭里面，有四种大恶德：一是自私自利；二是倚赖性，奴隶性；三是假道德，装腔做戏；四是懦怯没有胆子。做丈夫的便是自私自利的代表。他要快乐，要安逸，还要体面，所以他要娶一个妻子。正如《娜拉》戏中的郝尔茂，他觉得同他的妻子有爱情是很好玩的。他叫他妻子作"小宝贝"、"小鸟儿"、"小松鼠儿"、"我的最亲爱的"等等肉麻名字。他给他妻子一点钱去买糖吃，买粉搽，买好衣服穿。他要他妻子穿得好看，打扮得标致。做妻子的完全是一个奴隶。她丈夫喜欢什么，她也该喜欢什么；她自己是不许有什么选择的。她的责任在于使丈夫欢喜。她自己不用有思想；她丈夫会替她思想。她自己不过是她丈夫的玩意儿，很像叫化子的猴子，专替他变把戏引人开心的（所以《娜拉》又名《玩物之家》）。丈夫要妻子守节，妻子却不能要丈夫守节。正如《群鬼》（Ghosts）戏里的阿尔文夫人受不过丈夫的气，跑到一个朋友家去；那位朋友是个牧师，很教训了她一顿，说她不守妇道。但是阿尔文夫人的丈夫专在外面偷妇人，甚至淫乱他妻子的婢女；人家都毫不介意，那位牧师朋友也觉得这是男人常有的事，不足为奇！妻子对丈夫，什么都可以牺牲；丈夫对妻子，是不犯着牺牲什么的。《娜拉》戏里的娜拉，因为要救她丈夫的生命，所以冒她父亲的名字，签了借据去借钱。后来事体闹穿了，她丈夫不但不肯替娜拉分担冒名的干系，还要痛骂她带累他自己的名誉。后来和平了结了，没有危险了，她丈夫又装出大度的样子，说不追究她的错处了。他得意扬扬地说道："一个男人赦了他妻子的过犯是很畅快的事！"（《娜拉》三幕）

这种极不堪的情形，何以居然忍耐得住呢？第一，因为人都要顾面子，不得不装腔做戏，做假道德遮着面孔。第二，因为大多数的人都是没有胆子的懦夫。因为要顾面子，故不肯闹翻；因为没有胆子，故不敢闹翻。那《娜拉》戏里的娜拉，忽然看破家庭是一座做猴子戏的戏台，她自己是台上的猴子。她有胆子，又不肯再装假面子，所以告别了掌班的，跳下了戏台，去干她自己的生活。那《群鬼》戏里的阿尔文夫人没有娜拉的胆子，又要顾面子，所以被她的牧师朋友一劝，就劝回头了，还是回家去尽她的"天职"，守她的"妇道"。她丈夫仍旧做那种淫荡的行为。阿尔文夫人只好牺牲自己的人格，尽力把他羁縻在家。后来生下一个儿子，他母亲恐怕他在家学了他父亲的坏榜样，所以到了七岁便把他送到巴黎去。她一面又要哄她丈夫在家，一面要在外边替她丈夫修名誉，一面要骗她儿子说他父亲是怎样一个正人君子。这种情形，过了十九个足年，她丈夫才死。死后，他妻子还要替他装面子，花了许多钱，造了一所孤儿院，做她亡夫的遗爱。孤儿院造成了，她把儿子唤回来参预孤儿院落成的庆典。谁知她儿子从胎里就得了他父亲的花柳病的遗毒，变成一种脑腐症，到家没几天，那孤儿院也被火烧了，她儿子的遗传病发作，脑子坏了，就成了疯人了。这是没有胆子，又要顾面子的结局。这就是腐败家庭的下场！

三

其次，且看易卜生的社会的三种大势力。那三种大势力：一是法律，二是宗教，三是道德。

第一，法律。法律的效能在于除暴去恶，禁民为非。但是法律有好处也有坏处。好处在于法律是无有偏私的，犯了什么法，就该得什么罪。坏处也在于此。法律是死板板的条文，不通人情世故；不知道一样的罪名，却有几等几样的居心，有几等几样的境遇情形；同犯一罪的人却有几等几样的知识程度。法律只说某人犯了某法的某某篇某某章某某节，该得某某罪，全不管犯罪的人的知识不同，境遇不同，居心不同。《娜拉》戏里有两件冒名签字的事：一件是一个律师做的，一件是一个不懂法律的妇人做的。那律师犯这罪全由于自私自利，那妇人犯这罪全因为她要救她丈夫的性命。但是法律全不问这些区别。请看看这两个"罪人"讨论这个问题：

律　师　郝夫人，你好像不知道你犯了什么罪。我老实对你说，我犯的那桩使我一生声名扫地的事，和你所做的事恰恰相同，一毫也不多，一毫也不少。

娜　拉　你！难道你居然也敢冒险去救你妻子的命吗？

律　师　法律不管人的居心如何。

娜　拉　如此说来，这种法律是笨极了。

律　师　不问它笨不笨，你总要受它的裁判。

娜　拉　我不相信。难道法律不许做女儿的想个法子，免得她临死的父亲烦恼吗？难道法律不许做妻子的救她丈夫的命吗？我不大懂得法律，但是我想总该有这种法律承认这些事的。你是一个律师，你难道不知道有这样的法律吗？柯先生，你真是一个不中用的律师了。

（《娜拉》一幕）

最可怜的是世上真没有这种入情入理的法律！

第二，宗教。易卜生眼里的宗教久已失了那种可以感化人的能力；久已变成毫无生气的仪节信条，只配口头念得烂熟，却不配使人奋发鼓舞了。《娜拉》戏里说：

郝尔茂 你难道没有宗教吗？

娜　拉 我不很懂得究竟宗教是什么东西。我只知道我进教是那位牧师告诉我的一些话。他对我说宗教是这个、是那个，是这样、是那样。

（《娜拉》三幕）

如今人的宗教，都是如此。你问他信什么教，他就把他的牧师或是他的先生告诉他的话背给你听。他会背耶稣的祈祷文，他会念阿弥陀佛，他会背一部《圣谕广训》。这就是宗教了！

宗教的本意，是为人而做的，正如耶稣说的："礼拜是为人造的，不是人为礼拜造的。"不料后世的宗教，处处与人类的天性相反，处处反乎人情。如《群鬼》戏中的牧师，逼着阿尔文夫人回家去受那荡子丈夫的待遇，去受那十九年极不堪的惨痛。那牧师说，宗教不许人求快乐，求快乐便是受了恶魔的魔力了；他说，宗教不许做妻子的批评她丈夫的行为；他说，宗教教人无论如何总要守妇道，总须尽责任。那牧师口口声声所说是"是"的，阿尔文夫人心中总觉得都是"不是"的。后来阿尔文夫人仔细去研究那牧师的宗教，忽然大悟：原来那些教条都是假的，都是"机器造的"！（《群鬼》二幕）

但是这种机器造的宗教何以居然能这样兴旺呢？原来，现在的宗教虽没有精神上的价值，却极有物质上的用场。宗教是可以利用的，是可以使人发财得意的。那《群鬼》戏里的木匠，本是一个极下流的酒鬼，卖妻卖女都肯干的。但是他见了那位道学的牧师，立刻就装出宗教家的样子，说宗教家的话，做宗教家的唱歌祈祷，把这位蠢牧师哄得滴溜溜地转（《群鬼》二幕）。那《罗斯马庄》（*Rosmersholm*）戏里面的主人翁罗斯马本是一个牧师，后来他的思想改变了，遂不信教了。他那时想加入本地的自由党，不料党中的领袖却不许罗斯马宣告他脱离教会的事。为什么呢？因为他们党里很少信教的人，故想借罗斯马的名誉来号召那些信教的人家。可见宗教的兴旺，并不是因为宗教真有兴旺的价值，不过是因为宗教有可以利用的好处罢了。

第三，道德。法律、宗教既没有裁制社会的本领，我们且看"道德"可有这种本事。据易卜生看来，社会上所谓"道德"不过是许多陈腐的旧习惯。合于社会习惯的，便是道德；不合于社会习惯的，便是不道德。正如我们中国的老辈人看见少年男女实行自由结婚，便说是"不道德"。为什么呢？因为这事不合于"父母之命，媒妁之言"的社会习惯。但是这班老辈人自己讨许多小老婆，却以为是很平常的事，没有什么不道德。为什么呢？因为习惯如此。又如中国人死了父母，发出讣书，人人都说"泣血稽颡"、"苦块昏迷"。其实他们何尝泣血？又何尝"寝苦枕块"？这种自欺欺人的事，人人都以为是"道德"，人人都不以为羞耻，为什么呢？因为社会的习惯如此，所以不道德的也觉得道德了。

这种不道德的道德，在社会上造出一种诈伪不自然的伪君子。面子上都是仁义道德，骨子里都是男盗女娼。易卜生最恨这种人。他有一本戏，叫做《社会的栋梁》（*Pillars of Society*），戏中的主人名叫褒匿，是一个极坏的伪君子；他犯了一桩奸情，却让他兄弟受这恶名，还要诬赖他兄弟偷了钱跑脱了。不但如此，他还雇了一只烂脱底的船送他兄弟出海，指望把他兄弟和一船的人都沉死在海底，可以灭口。

这样一个大奸，面子上却做得十分道德，社会上都尊敬他，称他做"全市第一个公民"、"公民的模范"、"社会的栋梁"！他谋害他兄弟的那一天，本城的公民，聚了几千人，排起队来，打着旗，奏着军乐，上他的门来表示社会的敬意，高声喊道："褒匿万岁！社会的栋梁褒匿万岁！"

这就是道德！

四

其次,我们且看易卜生写个人与社会的关系。

易卜生的戏剧中,有一条极显而易见的学说,是说社会与个人互相损害;社会最爱专制,往往用强力摧折个人的个性,压制个人自由独立的精神;等到个人的个性都消灭了,等到自由独立的精神都完了,社会自身也没有生气了,也不会进步了。社会里有许多陈腐的习惯,老朽的思想,极不堪的迷信,个人生在社会中,不能不受这些势力的影响。有时有一两个独立的少年,不甘心受这种陈腐规矩的束缚,于是东冲西突想与社会作对。上文所说的褒匿,当少年时,也曾想和社会反抗。但是社会的权力很大,网罗很密;个人的能力有限,如何是社会的敌手?社会对个人道:"你们顺我者生,逆我者死;顺我者有赏,逆我者有罚。"那些和社会反对的少年,一个一个的都受家庭的责备,遭朋友的怨恨,受社会的侮辱、驱逐。再看那些奉承社会意旨的人,一个个的都升官发财、安富尊荣了。当此境地,不是顶天立地的好汉,决不能坚持到底。所以像褒匿那般人,做了几时的维新志士,不久也渐渐地受社会同化,仍旧回到旧社会去做"社会的栋梁"了。社会如同一个大火炉,什么金银铜铁锡,进了炉子,都要熔化。易卜生有一本戏叫做《雁》(*The Wild Duck*),写一个人捉到一只雁,把它养在楼上半阁里,每天给它一桶水,让它在水里打滚游戏。那雁本是一个海阔天空、逍遥自得的飞鸟,如今在半阁里关久了,也会生活,也会长得胖胖的,后来竟完全忘记了它从前那种海阔天空、来去自由的乐处了!个人在社会里,就同这雁在人家半阁上一般,起初未必满意,久而久之,也遂惯了,也渐渐地把黑暗世界当作安乐窝了。

社会对于那班服从社会命令、维持陈旧迷信、传播腐败思想的人,一个一个的都有重赏。有的发财了,有的升官了,有的享大名誉了。这些人有了钱,有了势,有了名誉,遂像老虎长了翅膀,更可横行无忌了,更可借着"公益"的名义去骗人钱财,害人生命,做种种无法无天的行为。易卜生的《社会栋梁》和《博克曼》(*John Gabriel Borkman*)两本戏的主人翁都是这种人物。他们钱赚得够了,然后掏出几个小钱来,开一个学堂,造一所孤儿院,立一个公共游戏场,"捐二十镑金去买面包给贫人吃"(《社会的栋梁》二幕中语),于是社会格外恭维他们,打着旗子,奏着军乐,上他们家来,大喊:"社会的栋梁万岁!"

那些不懂事又不安本分的理想家，处处和社会的风俗习惯反对，是该受重罚的。执行这种重罚的机关，便是"舆论"，便是大多数的"公论"。世间有一种最通行的迷信，叫做"服从多数的迷信"。人都以为多数人的公论总是不错的。易卜生绝对地不承认这种迷信。他说"多数党总在错的一边，少数党总在不错的一边。（《国民公敌》五幕）"一切维新革命，都是少数人发起的，都是大多数人所极力反对的。大多数人总是守旧、麻木不仁的；只有极少数人——有时只有一个人——不满意于社会的现状，要想维新，要想革命。这种理想家是社会所最忌的。大多数人都骂他是"捣乱分子"，都恨他"扰乱治安"，都说他"大逆不道"；所以他们用大多数的专制威权去压制那"捣乱"的思想志士，不许他开口，不许他行动自由；把他关在监牢里；把他赶出境去，把他杀了，把他钉在十字架上活活地钉死，把他捆在柴草上活活地烧死。过了几十年、几百年，那少数的人主张渐渐地变成多数人的主张了，于是社会的多数人又把他们从前杀死、钉死、烧死的那些"捣乱分子"，一个一个的重新推崇起来，替他们修墓，替他们作传，替他们立庙，替他们铸铜像。却不知道从前那种"新"思想，到了这时候，又早已成了"陈腐的"迷信！当他们替从前那些特立独行的人修墓、铸铜像的时候，社会里早已发生了几个新派少数人，又要受他们杀死、钉死、烧死的刑罚了！所以说"多数党总是错的，少数党总是不错的"。

易卜生有一本戏叫做《国民公敌》，里面写的就是这个道理。这本戏的主人翁斯铎曼医生，从前发现本地的水可以造成几处卫生浴池。本地的人听了他的话，觉得有利可图，便集了资本造了几处卫生浴池。后来四方人闻了这浴池之名，纷纷来这里避暑养病。来的人多了，本地的商业市面便渐渐发达兴旺。斯铎曼医生便做了浴池的官医。后来洗浴的人之中，忽然发生一种流行病症，经这位医生仔细考察，知道这病症是从浴池的水里来的，他便装了一瓶水寄与大学的化学师请他化验。化验出来，才知道浴池的水管安得太低了，上流的污秽，停积在浴池里，发生一种传染病的微生物，极有害于公众卫生。斯铎曼医生得了这种科学证据，便做了一篇切切实实的报告书，请浴池的董事会把浴池的水管重新改造，以免妨碍卫生。不料改造浴池须要花费许多钱，又要把浴池闭歇一两年；浴池一闭歇，本地的商务便要受许多损失。所以，本地的人全体用死力反对斯铎曼医生的提议，他们宁可听那些来避暑养病的人受毒病死，却不情愿受这种金钱的损失，所以他们用大多数的专制威权，压制这位说老实话的医生，不许他开口。他做了报告，本地的报馆都不肯登载；他要自己印刷，印刷局也不肯替他印；他要开会演说，全城的人都不把空屋借他做会场。后来好容易找到了一所会场，开了一个公民会议，会场上的人不但不听他的老实话，还把他赶下台去，由全体一致表决，宣告斯铎曼医生从此是国民的公敌。他逃出会场，把裤子都撕破了，还被众人赶到他家，用石头掷他，把窗户都打碎了。到了明天，本地政府革了他的官医；本地商民发了传单不许人请他看病；他的房东请他赶快搬出屋去；他的女儿在学堂教书，也被校长辞退了。这就是"特立独行"的好结果！这就是大多数惩罚少数"捣乱分子"的辣手段！

五

其次，我们且说易卜生的政治主义。易卜生的戏剧不大讨论政治问题，所以我们须要用他的《尺牍》（Letters，ed．By his son，Sigurd Ibsen，English Trans，1905）做参考的材料。

易卜生起初完全是一个主张无政府主义的人。当普法之战（一八七〇至一八七一年）时，他的无政府主义最为激烈。一八七一年，他有信与一个朋友道：

……个人绝无做国民的需要。不但如此，国家简直是个人的大害。请看普鲁士的国力，不是牺牲了个人的个性去买来的吗？国民都成了酒馆里跑堂的了，自然个个都是好兵了。再看犹太民族：岂不是最高贵的人类吗？无论受了何种野蛮的待遇，那犹太民族还能保存本来的面目。这都因为他们没有国家的原故。国家总得毁去。这种毁除国家的革命，我也情愿加入。毁去国家观念，单靠个人的情愿和精神上的团结做人类社会的基本，——若能做到这步田地，这可算得有价值的自由起点。那些国体的变迁，换来换去，都不过是弄把戏，——都不过是全无道理的胡闹。（《尺牍》第七九号）

易卜生的纯粹无政府主义，后来渐渐地改变了。他亲自看见巴黎"市民政府"（Commune）的完全失败（一八七一），便把他主张无政府主义的热心减了许多（《尺牍》第八一号）。到了一八八四年，他写信给他的朋友说，他在本国若有机会，定要把国中无权的人民联合成一个大政党，主张极力推广选举权，提高妇女的地位，改良国家教育，要使脱除一切中古陋习（《尺牍》第一七八号）。这就不是无政府的口气了。但是他自己到底不曾加入政党。他以为加入政党是很下流的事（《尺牍》第一五八号）。他最恨那班政客，他以为"那班政客所力争的，全是表面上的权利，全是胡闹。最要紧的是人心的大革命。"（《尺牍》第七七号）

易卜生从来不主张狭义的国家主义，从来不是狭义的爱国者。一八八八年，他写信给一个朋友说道：

> 知识思想略为发达的人，对于旧式的国家观念，总不满意。我们不能以为有了我们所属的政治团体便足够了。据我看来，国家观念不久就要消灭了，将来定有一种观念起来代它。即以我个人而论，我已经过这种变化。我起初觉得我是那威国人，后来变成斯堪丁纳维亚（那威与瑞典总名斯堪丁纳维亚），我现在已成了条顿人了。（《尺牍》第二〇八号）

这是一八八八年的话。我想易卜生晚年临死的时候（一九〇六），一定已进到世界主义的地步了。

六

我开篇便说过，易卜生的人生观只是一个写实主义。易卜生把家庭、社会的实在情形都写出来，叫人看了动心，叫人看了觉得我们的家庭、社会原来是如此黑暗腐败，叫人看了觉得家庭、社会真正不得不维新革命：——这就是"易卜生主义"。表面上看去，像是破坏的，其实完全是建设的。譬如医生诊了病，开了一个脉案，把病状详细写出，这难道是消极的、破坏的手续吗？但是易卜生虽开了许多脉案，却不肯轻易开药方。他知道人类社会是极复杂的组织，有种种绝不相同的境地，有种种绝不相同的情形。社会的病，种类纷繁，决不是什么"包医百病"的药方所能治得好的。因此他只好开了脉案，说出病情，让病人各人自己去寻医病的药方。

虽然如此，但是易卜生生平却也有一种完全积极的主张。他主张个人须要充分发达自己的天才性；须要充分发展自己的个性。他有一封信给他的朋友白兰戴说道：

> 我所最期望于你的，是一种真正纯粹的为我主义，要使你有时觉得天下只有关于我的事最要紧，其余的都算不得什么……你要想有益于社会，最好的法子莫如把你自己这块材料铸造成器……有的时候我真觉得全世界都像海上撞沉了船，最要紧的还是救出自己。（《尺牍》第八四号）

最可笑的是有些人明知世界"陆沉"，却要跟着"陆沉"，跟着堕落，不肯"救出自己"！却不知道社会是个人组成的，多救出一个人便是多备下一个再造新社会的分子。所以孟轲说"穷则独善其身"，这便是易卜生所说"救出自己"的意思。这种"为我主义"，其实是最有价值的利人主义。所以易卜生说："你要想有益于社会，最好的法子莫如把你自己这块材料铸造成器。"《娜拉》戏里，写娜拉抛了丈夫儿女飘然而去，也只为要"救出自己"。那戏中说：

郝尔茂　……你就是这样抛弃你的最神圣的责任吗？

娜　拉　你以为我的最神圣的责任是什么？

郝　　　还等我说吗？可不是你对于你的丈夫和你的儿女的责任吗？

娜　　　我还有别的责任同这些一样的神圣。

郝　　　没有的。你且说，那些责任是什么？

娜　　　是我对于我自己的责任。

郝　　　最要紧的，你是一个妻子，又是一个母亲。

娜　　　这种话我现在不相信了。我相信，第一，我是一个人，正同你一样。——无论如何,我务必努力做一个人。

(三幕)

一八八二年,易卜生有信给朋友道:

这样生活,须使各人自己充分发展:——这是人类功业顶高的一层,这是我们大家都应该的事。(《尺牍》第一六四号)

社会最大的罪恶莫过于摧折个人的个性,不使他自由发展。那本《雁》戏所写的只是一件摧残个人才性的惨剧。那戏写一个人少年时本极有高尚的志气,后来被一个恶人害得破家荡产,不能度日;那恶人又把他自己通奸有孕的下等女子配给他做妻子,从此家累日重一日,他的志气便日低一日。到了后来,他堕落深了,竟变成了一个懒人懦夫,天天受那下贱妇人和两个无赖的恭维,他洋洋得意地觉得这种生活很可以终身了。所以那本戏借一个雁做比喻:那雁在半阁上关得久了,它从前那种高飞远举的志气全都消灭了,居然把人家的半阁做它的极乐国了!

发展个人的个性,须要有两个条件。第一,须使个人有自由意志。第二,须使个人担干系,负责任。《娜拉》戏中写郝尔茂的最大错处只在他把娜拉当作"玩意儿"看待,既不许她有自由意志,又不许她担负家庭的责任,所以娜拉竟没有发展她自己个性的机会。所以娜拉一旦觉悟时,恨极她的丈夫,决意弃家远去,也正为这个原故。易卜生又有一本戏,叫做《海上夫人》(*The Lady from the Sea*),里面写一个女子哀梨妲少年时嫁给人家做后母,她丈夫和前妻的两个女儿看她年纪轻,不让她管家务,只叫她过安闲日子。哀梨妲在家觉得做这种不自由的妻子,不负责任的后母,是极没趣的事。因此她天天想跟人到海外去过那海阔天空的生活。她丈夫越不许她自由,她偏越想自由。后来她丈夫知道留她不住,只得许她自由出去。她丈夫说道:

丈　夫　……我现在立刻和你毁约,现在你可以有完全自由拣定你自己的路子。……现在你可以自己决定,你有完全的自由,你自己担干系。

哀梨妲 完全自由！还要自己担干系！还担干系咧！有这么一来，样样事都不同了。

哀梨妲有了自由，又自己负责任了，忽然大变了，也不想那海上的生活了，决意不跟人走了（《海上夫人》第五幕）。这是为什么呢？因为世间只有奴隶的生活是不能自由选择的，是不用担干系的。个人若没有自由权，又不负责任，便和做奴隶一样，所以无论怎样好玩，无论怎样高兴，到底没有真正乐趣，到底不能发展个人的人格。所以哀梨妲说，有了完全自由，还要自己担干系，有这么一来，样样事都不同了。

家庭是如此，社会、国家也是如此。自治的社会，共和的国家，只是要个人有自由选择之权，还要个人对于自己所行所为都负责任。若不如此，决不能造出自己独立的人格。社会、国家没有自由独立的人格，如同酒里少了酒曲，面包里少了酵，人身上少了脑筋：那种社会、国家决没有改良进步的希望。

所以易卜生的一生目的只是要社会极力容忍，极力鼓励斯铎曼医生一流的人物；要想社会上生出无数永不知足、永不满意、敢说老实话攻击社会腐败情形的"国民公敌"；要想社会上有许多人都能像斯铎曼医生那样宣言道："世上最强有力的人就是那个最孤立的人！"

社会、国家是时刻变迁的，所以不能指定哪一种方法是救世的良药：十年前用补药，十年后或者须用泄药了；十年前用凉药，十年后或者须用热药了。况且各地的社会、国家都不相同，适用于日本的药，未必完全适用于中国；适用于德国的药，未必适用于美国。只有康有为那种"圣人"，还想用他们的"戊戌政策"来救戊午的中国；只有辜鸿铭那班怪物，还想用二千年前的"尊王大义"来施行于二十世纪的中国。易卜生是聪明人，他知道世上没有"包医百病"的仙方，也没有"施诸四海而皆准，推之百世而不悖"的真理。因此他对于社会的种种罪恶污秽，只开脉案，只说病状，却不肯下药。但他虽不肯下药，却到处告诉我们一个保卫社会健康的卫生良法。他仿佛说道："人的身体全靠血里面有无量数的白血轮时时刻刻与人身的病菌开战，把一切病菌扑灭干净，方才可使身体健全，精神充足。社会、国家的健康也全靠社会中有许多永不知足，永不满意，时刻与罪恶分子、龌龊分子宣战的白血轮，方才有改良进步的希望。我们若要保卫社会的健康，须要使社会里时时刻刻有斯铎曼医生一般的白血轮分子。但使社会常有这种白血轮精神，社会决没有不改良进步的道理。"一八八三年，易卜生写信给朋友道：

　　十年之后，社会的多数人大概也会到了斯铎曼医生开公民大会时的见地了。但是这十年之中，斯铎曼自己也刻刻向前进；所以到了十年之后，他的见地仍旧比社会的多数人还高十年。即以我个人而论，我觉得时时刻刻总有进境。我从前每作一本戏时的主张，如今都已渐渐变成了很多数人的主张，但是等到他们赶到那里时，我久已不在那里了。我又到别处去了。我希望我总是向前去了。（《尺牍》第一七二号）

民国七年五月十六日作于北京
民国十年四月二十六日改稿

不朽——我的宗教

原载于《新青年》第六卷第二号
一九一九年二月十五日

不朽有种种说法，但是总括看来，只有两种说法是真有区别的。一种是把"不朽"解作灵魂不灭的意思。一种就是《春秋左传》上说的"三不朽"。

（一）神不灭论。宗教家往往说灵魂不灭，死后须受末日的裁判：做好事的享受天国天堂的快乐，做恶事的要受地狱的苦痛。这种说法，几千年来不但受了无数愚夫愚妇的迷信，居然还受了许多学者的信仰。但是古今来也有许多学者对于灵魂是否可离形体而存在的问题，不能不发生疑问。最重要的如南北朝人范缜的《神灭论》说："形者神之质，神者形之用。……神之于质，犹利之于刀；形之于用，犹刀之于利。……舍利无刀，舍刀无利。未闻刀没而利存，岂容形亡而神在？"宋朝的司马光也说："形既朽灭，神亦飘散，虽有剉烧舂磨，亦无所施。"但是司马光说的"形既朽灭，神亦飘散"，还不免把形与神看作两件事，不如范缜说的更透切。范缜说人的神灵即是形体的作用，形体便是神灵的形质。正如刀子是形质，刀子的利钝是作用；有刀子方才有利钝，没有刀子便没有利钝。人有形体方才有作用：这个作用，我们叫做"灵魂"。若没有形体，便没有作用了，便没有灵魂了。范缜这篇《神灭论》出来的时候，惹起了无数人的反对。梁武帝叫了七十几个名士作论驳他，都没有什么真有价值的议论。其中只有沈约的《难神灭论》说："利若遍施四方，则利体无处复立；利之为用正存一边毫毛处耳。神之与形，举体若合，又安得同乎？若以此譬为尽耶，则不尽；若谓本不尽耶，则不可以为譬也。"这一段是说刀是无机体，人是有机体，故不能彼此相比。这话固然有理，但终不能推翻"神者形之用"的议论。近世唯物派的学者也说人的灵魂并不是什么无形体，独立存在的物事，不过是神经作用的总名；灵魂的种种作用都即是脑部各部分的机能作用；若有某部被损伤，某种作用即时废止；人年幼时，脑部不曾完全发达，神灵作用也不能完全，老年人脑部渐渐衰耗，神灵作用也渐渐衰耗。这种议论的大旨，与范缜所说"神者形之用"正相同。但是有许多人总舍不得把灵魂打消了，所以咬住说灵魂另是一种神秘玄妙的物事，并不是神经的作用。这个"神秘玄妙"的物事究竟是什么，他们也说不出来，只觉得总应该有这么一件物事。既是"神秘玄妙"，自然不能用科学试验来证明它，也不能用科学试验来驳倒它。既然如此，我们只好用实验主义(Pragmatism)的方法，看这种学说的实际效果如何，以为评判的标准。依此标准看来，信神不灭论的固然也有好人，信神灭论的也未必全是坏人。即如司马光、范缜、赫胥黎一类的人，说不信灵魂不灭的话，何尝没有高尚的道德？更进一层说，有些人因为迷信天堂、天国、地狱、末日裁判，方才修德行善，这种修行全是自私自利的，也算不得真正道德。总而言之，灵魂灭不灭的问题，于人生行为上实在没有什么重大影响；既没有实际的影响，简直可说是不成问题了。

（二）三不朽说。《左传》说的三种不朽是：(1)立德的不朽，(2)立功的不朽，(3)立言的不朽。"德"便是个人人格的价值，像墨翟、耶稣一类的人，一生刻意孤行，精诚勇猛，使当时的人敬爱信仰，使千百年后的人想念崇拜。这便是立德的不朽。"功"便是事业，像哥仑布发现美洲，像华盛顿造成美洲共和国，替当时的人开一新天地，替历史开一新纪元，替天下后世的人种下无量幸福的种子。这便是立功的不朽。"言"便是语言著作，像那《诗经》三百篇的许多无名诗人，又像陶潜、杜甫、萧士比亚、易卜生一类的文学家，又像柏拉图、卢骚、弥儿一类的哲学家，又像牛敦、达尔文一类的科学家，或是作了几首好诗使千百年后的人欢喜感叹；或是作了几本好戏使当时的人鼓舞感动，使后世的人发愤兴起；或是创出一种新哲学，或是发明了一种新学说，或在当时发生思想的革命，或在后世影响无穷。这便是立言的不朽。总而言之，这种不朽说，不问人死后灵魂能不能存在，只问他的人格，他的事业，他的著作有没有永远存在的价值。即如基督教徒说耶稣是上帝的儿子，他的灵魂永远存在，我们正不用驳这种无凭据的神话,只说耶稣的人格,事业和教训都可以不朽,又何必说那些无谓的神话呢?又如孔教会的人每到了孔丘的生日,一定要举行祭孔的典礼,还有些人学那"朝山进香"的法子,要赶到曲阜孔林去对孔丘的神灵表示敬意!其实孔丘的不朽全在他的人格与教训,不在他那"在天之灵"。大总统多行两次丁祭,孔教会多走两次"朝山进香",就可以使孔丘格外不朽了吗?更进一步说,像那《三百篇》里的诗人,也没有姓名,也没有事实,但是他们都可说是立言的不朽。为什么呢?因为不朽全靠一个人的真价值,并不靠姓名事实的流传,也不靠灵魂的存在。试看古今来的多少大发明家,那发明火的,发明养蚕的,发明缫丝的,发明织布的,发明水车的,发明舂米的水碓的,发明规矩的,发明秤的……虽然姓名不传,事实湮没,但他们的功业永远存在,他们也就都不朽了。这种不朽比那个人的小小灵魂的存在,可不是更可宝贵,更可羡慕吗?况且那灵魂的有无还在不可知之中,这三种不朽——德,功,言,——可是实在的。这三种不朽可不是比那灵魂的不灭更靠得住吗?

以上两种不朽论,依我个人看来,不消说的,那"三不朽说"是比那"神不灭说"好得多了。但是那"三不朽说"还有三层缺点,不可不知。第一,照平常的解说看来,那些真能不朽的人只不过那极少数有道德,有功业,有著述的人。还有那无量平常人难道就没有不朽的希望吗?世界上能有几个墨翟、耶稣,几个哥仑布、华盛顿,几个杜甫、陶潜,几个牛敦、达尔文呢?这岂不成了一种"寡头"的不朽论吗?第二,这种不朽论单从积极一方面着想,但没有消极的裁制。那种灵魂的不朽论既说有天国的快乐,又说有地狱的苦楚,是积极消极两方面都顾着的。如今单说立德可以不朽,不立德又怎样呢?立功可以不朽,有罪恶又怎样呢?第三,这种不朽论所说的"德,功,言"三件,范围都很含糊。究竟怎样的人格方才可算是"德"呢?怎样的事业方才可算是"功"呢?怎样的著作方才可算是"言"呢?我且举一个例。哥仑布发现美洲固然可算得立了不朽之功,但是他船上的水手火头又怎样呢?他那只船的造船工人又怎样呢?他船上用的罗盘器械的制造工人又怎样呢?他所读的书的著作者又怎样呢?……举这一条例,已可见"三不朽"的界限含糊不清了。

因为要补足这三层缺点,所以我想提出第三种不朽论来请大家讨论。我一时想不起别的好名字,姑且称它作"社会的不朽论"。

（三）社会的不朽论。社会的生命，无论是看纵剖面，是看横截面，都像一种有机的组织。从纵剖面看来，社会的历史是不断的；前人影响后人，后人又影响更后人；没有我们的祖宗和那无数的古人，又哪里有今日的我和你？没有今日的我和你，又哪里有将来的后人？没有那无量数的个人，便没有历史，但是没有历史，那无数的个人也决不是那个样子的个人：总而言之，个人造成历史，历史造成个人。从横截面看来，社会的生活是交互影响的：个人造成社会，社会造成个人；社会的生活全靠个人分工合作的生活，但个人的生活，无论如何不同，都脱不了社会的影响；若没有那样这样的社会，决不会有这样那样的我和你；若没有无数的我和你，社会也决不是这个样子。莱勃尼慈（Leibnitz）说得好：

> 这个世界乃是一片大充实（Plenum，为真空 Vacuum 之对），其中一切物质都是接连着的。一个大充实里面有一点变动，全部的物质都要受影响，影响的程度与物体距离的远近成正比例。世界也是如此。每一个人不但直接受他身边亲近的人的影响，并且间接又间接地受距离很远的人的影响。所以世间的交互影响，无论距离远近，都受得着的。所以世界上的人，每人受着全世界一切动作的影响。如果他有周知万物的智慧，他可以在每人的身上看出世间一切施为，无论过去未来都可看得出，在这一个现在里面便有无穷时间空间的影子。（见 Monadology 第六十一节）

从这个交互影响的社会观和世界观上面，便生出我所说的"社会的不朽论"来。我这"社会的不朽论"的大旨是：

我这个"小我"不是独立存在的，是和无量数小我有直接或间接的交互关系的；是和社会的全体和世界的全体都有互为影响的关系的；是和社会世界的过去和未来都有因果关系。种种从前的因，种种现在无数"小我"和无数它种势力所造成的因，都成了我这个"小我"的一部分。我这个"小我"，加上了种种从前的因，又加上了种种现在的因，传递下去，又要造成无数将来的"小我"。这种种过去的"小我"，和种种现在的"小我"，和种种将来无穷的"小我"，一代传一代，一点加一滴；一线相传，连绵不断；一水奔流，滔滔不绝：——这便是一个"大我"。"小我"是会消灭的，"大我"是永远不灭的。"小我"是有死的，"大我"是永远不死，永远不朽的。"小我"虽然会死，但是每一个"小我"的一切作为，一切功德罪恶，一切语言行事，无论大小，无论是非，无论善恶，——都永远留存在那个"大我"之中。那个"大我"，便是古往今来一切"小我"的纪功碑，彰善祠，罪状判决书，孝子慈孙百世不能改的恶谥法。这个"大我"是永远不朽的，故一切"小我"的事业，人格，一举一动，一言一笑，一个念头，一场功劳，一桩罪过，也都永远不朽。这便是社会的不朽，"大我"的不朽。

那边"一座低低的土墙，遮着一个弹三弦的人"。那三弦的声浪，在空间起了无数波澜；那被冲动的空气质点，直接间接冲动无数旁的空气质点；这种波澜，由近而远，至于无穷空间；由现在而将来，由此刹那以至于无量刹那，至于无穷时间：——这已是不灭不朽了。那时间，那"低低的土墙"外边来了一位诗人，听见那三弦的声音，忽然起了一个念头；由这一个念头，就成了一首好诗；这首好诗传诵了许多；人人读了这诗，各起种种念头；由这种种念头，更发生无量数的念头，更发生无数的动作，以至于无穷。然而那"低低的土墙"里面那个弹三弦的人又如何知道他所发生的影响呢？

一个生肺病的人在路上偶然吐了一口痰。那口痰被太阳晒干了，化为微尘，被风吹起空中，东西飘散，渐吹渐远，至于无穷时间，至于无穷空间。偶然一部分的病菌被体弱的人呼吸进去，便发生肺病，由他一身传染一家，更由一家传染无数人家。如此辗转传染，至于无穷空间，至于无穷时间。然而那先前吐痰的人的骨头早已腐烂了，他又如何知道他所种的恶果呢？

一千五六百年前有一个人叫范缜说了几句话道："神之于形，犹利之于刀；未闻刀没而利存，岂容形亡而神在？"这几句话在当时受了无数人的攻击。到了宋朝有个司马光把这几句话记在他的《资治通鉴》里。一千五六百年之后，有一个十一岁的小孩子，——就是我，——看《通鉴》到这几句话，心里受了一大感动，后来便影响了他半生的思想行事。然而那说话的范缜早已死了一千五百年了！

二千六七百年前，在印度地方有一个穷人病死了，没人收尸，尸首暴露在路上，已腐烂了。那边来了一辆车，车上坐着一个王太子，看见了这个腐烂发臭的死人，心中起了一念；由这一念，辗转发生无数念。后来那位王太子把王位也抛了，富贵也抛了，父母妻子也抛了，独自去寻思一个解脱生老病死的方法。后来这位王子便成了一个教主，创了一种哲学的宗教，感化了无数人。他的影响势力至今还在；将来即使他的宗教全灭了，他的影响势力终久还存在，以至于无穷。这可是那腐烂发臭的路毙所曾梦想到的吗？

以上不过是略举几件事，说明上文说的"社会的不朽"，"大我的不朽"。这种不朽论，总而言之，只是说个人的一切功德罪恶，一切言语行事，无论大小好坏，——都留下一些影响在那个"大我"之中，——都与这永远不朽的"大我"一同永远不朽。

上文我批评那"三不朽论"的三层缺点：（一）只限于极少数的人，（二）没有消极的裁制，（三）所说"功，德，言"的范围太含糊了。如今所说"社会的不朽"，其实只是把那"三不朽论"的范围更推广了。既然不论事业功德的大小，一切都可不朽，那第一第三两层短处都没有了。冠绝古今的道德功业固可以不朽，那极平常的"庸言庸行"，油盐柴米的琐屑，愚夫愚妇的细事，一言一笑的微细，也都永远不朽。那发现美洲的哥仑布固可以不朽，那些和他同行的水手火头，造船的工人，造罗盘器械的工人，供给他粮食衣服银钱的人，他所读的书的著作家，生他的父母，生他父母的父母祖宗，以及生育训练那些工人商人的父母祖宗，以及他以前和同时的社会……都永远不朽。社会是有机的组织，那英雄伟人可以不朽，那挑水的，烧饭的，甚至于浴堂里替你擦背的，甚至于每天替你家掏粪倒马桶的，也都永远不朽。至于那第二层缺点，也可免去。如今说立德不朽，行恶也不朽；立功不朽，犯罪也不朽；"流芳百世"不朽，"遗臭万年"也不朽；功德盖世固是不朽的善因，吐一口痰也有不朽的恶果。我的朋友李守常先生说得好："稍一失脚，必致遗留层层罪恶种子于未来无量的人，——即未来无量的我，——永不能消除，永不能忏悔。"这就是消极的裁制了。

中国儒家的宗教提出一个父母的观念，和一个祖先的观念，来做人生一切行为的裁制力。所以说，"一出言而不敢忘父母，一举足而不敢忘父母。"父母死后，又用丧礼祭礼等等见神见鬼的方法，时刻提醒这种人生行为的裁制力。所以又说，"斋明盛服，以承祭祀，洋洋乎如在其上，如在其左右。"又说，"斋三日，则见其所为斋者；祭之日，入室，僾然必有见乎其位；周还出户，肃然必有闻乎其容声；出户而听，忾然必有闻乎其叹息之声。"这都是"神道设教"，见神见鬼的手段。这种宗教的手段在今日是不中用了。还有那种"默示"的宗教，神权的宗教，崇拜偶像的宗教，在我们心里也不能发生效力，不能裁制我们一生的行为。以我个人看来，这种"社会的不朽"观念很可以做我的宗教了。我的宗教的教旨是：

我这个现在的"小我"，对于那永远不朽的"大我"的无穷过去，须负重大的责任。对于那永远不朽的"大我"的无穷未来，也须负重大的责任。我须要时时想着，我应该如何努力利用现在的"小我"，方才可以不辜负了那"大我"的无穷过去，方才可以不遗害那"大我"的无穷未来？

（跋）这篇文章的主意是民国七年年底当我的母亲丧事里想到的。那时只写成一部分，到八年二月十九日方才写定付印。后来俞颂华先生在报纸上指出我论社会是有机体一段很有语病，我觉得他的批评很有理，故九年二月间我用英文发表这篇文章时，我就把那一段完全改过了。十年五月，又改定中文原稿，并记作文与修改的缘起于此。

『我的儿子』
原载于《每周评论》第三十五号
一九一九年八月

一　我的儿子[①]

我实在不要儿子，

儿子自己来了。

"无后主义"的招牌，

于今挂不起来了！

譬如树上开花，

花落自然结果。

那果便是你。

那树便是我。

[①] 本节为编者添加。胡适在长子胡祖望出生时，写了一首题为"我的儿子"的诗，发表在1919年8月3日的《每周评论》第33期。后汪长禄致信胡适，胡适把这封信连同自己的回信《再论＜我的儿子＞》一起发表在《每周评论》第35期上，后收入《胡适文存》卷四，改题《"我的儿子"》，中收"汪长禄先生来信"和"我答汪先生的信"。

树本无心结子，

我也无恩于你。

但是你既来了，

我不能不养你教你，

那是我对人道的义务，

并不是待你的恩谊。

将来你长大时，

这是我所期望于你：

我要你做一个堂堂的人，

不要做我的孝顺儿子。

二　汪长禄先生来信

　　昨天上午我同太虚和尚访问先生，谈起许多佛教历史和宗派的话，耽搁了一点多钟的工夫，几乎超过先生平日见客时间的规则五倍以上，实在抱歉的很。后来我和太虚匆匆出门，各自分途去了。晚边回寓，我在桌子上偶然翻到最近《每周评论》的文艺那一栏，上面题目是《我的儿子》四个字，下面署了一个"适"字，大约是先生作的。这种议论我从前在《新潮》、《新青年》各报上面已经领教多次，不过昨日因为见了先生，加上"叔度汪汪"的印象，应该格外注意一番。我就不免有些意见，提起笔来写成一封白话信，送给先生，还求指教指教。

　　大作说，"树本无心结子，我也无恩于你"。这和孔融所说的"父之于子当有何亲……""子之于母亦复奚为……"差不多同一样的口气。我且不去管它。下文说的，"但是你既来了，我不能不养你教你，那是我对人道的义务，并不是待你的恩谊"。这就是做父母一方面的说法。换一方面说，做儿子的也可模仿同样口气说道："但是我既来了，你不能不养我教我，那是你对人道的义务，并不是待我的恩谊"。那么两方面凑泊起来，简直是亲子的关系，一方面变成了跛形的义务者，一方面变成了跛形的权利者，实在未免太不平等了。平心而论，旧时代的见解，好端端生在社会一个人，前途何等遥远，责任何等重大，为父母的单希望他做他俩的儿子，固然不对。但是照先生的主张，竟把一般做儿子的抬举起来，看作一个"白吃不还账"的主顾，那又未免太"矫枉过正"罢。

现在我且丢却亲子的关系不谈，先设一个譬喻来说。假如有位朋友留我在他家里住上若干年，并且供给我的衣食，后来又帮助我的学费，一直到我能够独立生活，他才放手。虽然这位朋友发了一个大愿，立心做个大施主，并不希望我些须报答，难道我自问良心能够就是这么拱拱手同他离开便算了吗？我以为亲子的关系，无论怎样改革，总比朋友较深一层。就是同朋友一样平等看待，果然有个鲍叔再世，把我看作管仲一般，也不能够说"不是待我的恩谊"罢。

大作结尾说道："我要你做一个堂堂的人，不要你做我的孝顺儿子。"这话我倒并不十分反对。但是我以为应该加上一个字，可以这么说："我要你做一个堂堂的人，不单要你做我的孝顺儿子。"为什么要加上这一个字呢？因为儿子孝顺父母，也是做人的一种信条，和那"悌弟"、"信友"、"爱群"等等是同样重要的。旧时代学说把一切善行都归纳在"孝"字里面，诚然流弊百出，但一定要把"孝"字"驱逐出境"，划在做人事业范围以外，好像人做了孝子，便不能够做一个堂堂的人。换一句话，就是人若要做一个堂堂的人，便非打定主意做一个不孝之子不可。总而言之，先生把"孝"字看得与做人的信条立在相反的地位。我以为"孝"字虽然没有"万能"的本领，但总还够得上和那做人的信条凑在一起，何必如此"雷厉风行"硬要把它"驱逐出境"呢？

前月我在一个地方谈起北京的新思潮，便联想到先生个人身上。有一位是先生的贵同乡，当时插嘴说道："现在一般人都把胡适之看作洪水猛兽一样，其实适之这个人旧道德并不坏。"说罢，并且引起事实为证。我自然是很相信的。照这位贵同乡的说话推测起来，先生平日对于父母当然不肯做那"孝"字反面的行为，是决无疑义了。我怕的是一般根底浅薄的青年，动辄抄袭名人一两句话，敢于扯起幌子，便"肆无忌惮"起来。打个比方，有人昨天看见《每周评论》上先生的大作，也便可以说道："胡先生教我做一个堂堂的人，万不可做父母的孝顺儿子。"久而久之，社会上布满了这种议论，那么任凭父母老病冻饿以至于死，却可以不去管他了。我也知道先生的本意无非看见旧式家庭过于"束缚驰骤"，急急地要替它调换空气，不知不觉言之太过，那也难怪。从前朱晦庵说得好，"教学者如扶醉人"，现在的中国人真算是大多数醉倒了。先生可怜他们，当下告奋勇，使一股大劲，把他从东边扶起。我怕是用力太猛，保不住又要跌向西边去。那不是和没有扶起一样吗？万一不幸，连性命都要送掉，那又向谁叫冤呢？

我很盼望先生有空闲的时候，再把那"我的父母"四个字做个题目，细细地想一番。把做儿子的对于父母应该怎样报答的话（我以为一方面做父母的儿子，同时在他方面仍不妨做社会上一个人），也得咏叹几句，"恰如分际"，"彼此兼顾"，那才免得发生许多流弊。

三　我答汪先生的信

前天同太虚和尚谈论，我得益不少。别后又承先生给我这封很诚恳的信，感谢之至。

"父母于子无恩"的话，从王充、孔融以来，也很久了。从前有人说我曾提倡这话，我实在不能承认。直到今年我自己生了一个儿子，我才想到这个问题上去。我想这个孩子自己并不曾自由主张要生在我家，我们做父母的不曾得他的同意，就糊里糊涂地给了他一条生命。况且我们也并不曾有意送给他这条生命。我们既无意，如何能居功？如何能自以为有恩于他？他既无意求生，我们生了他，我们对他只有抱歉，更不能"市恩"了。我们糊里糊涂地替社会上添了一个人，这个人将来一生的苦乐祸福，这个人将来在社会上的功罪，我们应该负一部分的责任。说得偏激一点，我们生一个儿子，就好比替他种下了祸根，又替社会种下了祸根。他也许养成坏习惯，做一个短命浪子；他也许更堕落下去，做一个军阀派的走狗。所以我们"教他养他"，只是我们自己减轻罪过的法子，只是我们种下祸根之后自己补过弥缝的法子。这可以说是恩典吗？

我所说的，是从做父母的一方面设想的，是从我个人对于我自己的儿子设想的，所以我的题目是"我的儿子"。我的意思是要我这个儿子晓得我对他只有抱歉，决不居功，决不市恩。至于我的儿子将来怎样待我，那是他自己的事。我决不期望他报答我的恩,因为我已宣言无恩于他。

先生说我把一般做儿子的抬举起来,看作一个"白吃不还账"的主顾。这是先生误会我的地方。我的意思恰同这个相反。我想把一般做父母的抬高起来,叫他们不要把自己看作一种"放高利债"的债主。

先生又怪我把"孝"字驱逐出境。我要问先生,现在"孝子"两个字究竟还有什么意义?现在的人死了父母都称"孝子"。孝子就是居父母丧的儿子(古书称为"主人"),无论怎样忤逆不孝的人,一穿上麻衣,戴上高梁冠,拿着哭丧棒,人家就称他作"孝子"。

我的意思以为古人把一切做人的道理都包在"孝"字里,故战阵无勇、莅官不敬等等都是不孝。这种学说,先生也承认它流弊百出。所以我要我的儿子做一个堂堂的人,不要他做我的孝顺儿子。我的意想以为"一个堂堂的人"决不致于做打爹骂娘的事,决不致于对他的父母毫无感情。

但是我不赞成把"儿子孝顺父母"列为一种"信条"。易卜生的《群鬼》里有一段话很可研究(《新潮》第五号页八五一):

孟代牧师　你忘了没有,一个孩子应该爱敬他的父母?
阿尔文夫人　我们不要讲得这样宽泛。应该说:"欧士华应该爱敬阿尔文先生(欧士华之父)吗!"

这是说,"一个孩子应该爱敬他的父母"是耶教一种信条,但是有时未必适用。即如阿尔文一生纵淫,死于花柳毒,还把遗毒传给他的儿子欧士华,后来欧士华毒发而死。请问欧士华应该孝顺阿尔文吗?若照中国古代的伦理观念自然不成问题。但是在今日可不能不成问题了。假如我染着花柳毒,生下儿子又聋又瞎,终身残废,他应该爱敬我吗?又假如我把我的儿子应得的遗产都拿去赌输了,使他衣食不能完全,教育不能得着,他应该爱敬我吗?又假如我卖国卖主义,做了一国一世的大罪人,他应该爱敬我吗?

至于先生说的,恐怕有人扯起幌子,说,"胡先生教我做一个堂堂的人,万不可做父母的孝顺儿子。"这是他自己错了。我的诗是发表我生平第一次做老子的感想,我并不曾教训人家的儿子！

总之，我只说了我自己承认对儿子无恩，至于儿子将来对我作何感想，那是他自己的事，我不管了。

先生又要我作"我的父母"的诗。我对于这个题目，也曾有诗，载在《每周评论》第一期和《新潮》第二期里。

民国八年七月

哲学与人生

演讲于上海商科大学佛学研究会

一九二三年十二月十日

前次承贵会邀我演讲关于佛学的问题，我因为对于佛学没有充分的研究，拿浅薄的学识来演讲这一类的问题，未免不配；所以现在讲"哲学与人生"，希望对于佛学也许可以贡献点参考。不过，我所讲的有许多地方和佛家意见不合，佛学会的诸君态度很公开，大约能够容纳我的意见的！讲到"哲学与人生"，我们必先研究它的定义：什么叫哲学？什么叫人生？然后才知道它们的关系。

我们先说人生。这六月来，国内思想界，不是有玄学与科学的笔战吗？国内思想界的老将吴稚晖先生，就在《太平洋》杂志上发表一篇《一个新信仰的宇宙观及人生观》，其中下了一个人生的定义。他说："人是哺乳动物中的有二手二足用脑的动物。"人生即是这种动物所演的戏剧，这种动物在演时，就有人生；停演时就没人生。所谓人生观，就是演时对于所演之态度，譬如：有的喜唱花面，有的喜唱老生，有的喜唱小生，有的喜摇旗呐喊；凡此种种两脚两手在演戏的态度，就是人生观。不过单是登台演剧，红进绿出，有何意义？想到这层，就发生哲学问题。哲学的定义，我们常在各种哲学书籍上见到，不过我们尚有再找一个定义的必要。我在《中国哲学史大纲》（上卷）上所下的哲学定义说："哲学是研究人生切要的问题，从根本上着想，去找根本的解决。"但是根本两字意义欠明，现在略加修改，重新下了一个定义说："哲学是研究人生切要的问题，从意义上着想，去找一个比较可普遍适用的意义。"现在举两个例来说明它：要晓得哲学的起点是由于人生切要的问题，哲学的结果，是对于人生的适用。人生离了哲学，是无意义的人生；哲学离了人生，是想入非非的哲学。现在哲学家多凭空臆说，离得人生问题太远，真是上穷碧落，愈闹愈糟！

现在且说第一个例：二千五百年前在喜马拉雅山南部有一个小国——迦叶里，街上倒卧着一个病势垂危的老丐，当时有一个王太子经过，在别人看到，将这老丐赶开，或是毫不经意地走过去了；但是那王太子是赋有哲学的天才的人，他就想人为什么逃不出老、病、死这三个大关头，因此他就弃了他的太子爵位、妻孥、便嬖、皇宫、财货，遁迹入山，去静想人生的意义。后来忽然在树下想到一个解决：就是将人生一切问题拿主观去看，假定一切多是空的，那么，老、病、死，就不成问题了。这种哲学的合理与否，姑不具论，但是那太子的确是研究人生切要的问题，从意义上着想去找他以为比较普遍适用的意义。

我们再举一个例：譬如我们睡到半夜醒来，听见贼来偷东西，那我就将他捉住，送县究办。假如我们没有哲学，就这么了事，再想不到"人为什么要做贼"等等的问题；或者那贼竟然苦苦哀求起来，说他所以做贼的原故，因为母老、妻病、子女待哺，无处谋生，迫于不得已而为之，假如没哲性的人，对于这种吁求，也不见有甚良心上的反动。至于富于哲性的人就要问了，为什么不得已而为之？天下不得已而为之的事有多少？为什么社会没得给他做工？为什么子女这样多？为什么老病死？这种偷窃的行为，是由于社会的驱策，还是由于个人的堕落？为什么不给穷人偷？为什么他没有我有？他没有我有是否应该？拿这种问题，逐一推思下去，就成为哲学。由此看来，哲学是由小事放大，从意义着想而得来的，并非空说高谈能够了解的。推论到宗教哲学、政治哲学、社会哲学等，也无非多从活的人生问题推衍阐明出来的。

我们既晓得什么叫人生，什么叫哲学，而且略会看到两者的关系，现在再去看意义在人生占的什么地位？现在一般的人饱食终日，无所用心。思想差不多是社会的奢侈品。他们看人生种种事实，和乡下人到城里看见五光十色的电灯一样。只看到事实的表面，而不了解事实的意义。因为不能了解意义的原故，所以连事实也不能了解了。这样说来，人生对于意义极有需要，不知道意义，人生是不能了解的。宋朝朱子这班人，终日对物格物，终于找不到着落，就是不从意义上着想的原故。又如平常人看见病人种种病象，他单看见那些事实而不知道那些事实的意义，所以莫明其妙。至于这些病象一到医生眼里，就能对症下药，因为医生不单看病象，还要晓得病象的意义的原故。因此，了解人生不单靠事实，还要知道意义！

那末，意义又从何来呢？有人说：意义有两种来源，一种是从积累得来，是愚人取得意义的方法；一种是由直觉得来，是大智取得意义的方法。积累的方法，是走笨路；用直觉的方法是走捷径。据我看来，欲求意义唯一的方法，只有走笨路，就是日积月累地去做刻苦的工夫，直觉不过是熟能生巧的结果，所以直觉是积累最后的境界，而不是豁然贯通的。大发明家爱迪生有一次演说，他说：天才百分之九十九是汗，百分之一是神，可见得天才是下了番苦功才能得来，不出汗决不会出神的。所以有人应付环境觉得难，有人觉得易，就是日积月累的意义多寡而已。哲学家并不是什么，只是对于人生所得的意义多点罢了。

欲得人生的意义，自然要研究哲学史，去参考已往的死的哲理。不过还有比较更重要的，是注意现在的活的人生问题，这就是做人应有的态度。现在我举两个可模范的大哲学家来做我的结论，这两大哲学家，一个是古代的苏格拉底，一个是现代的笛卡尔。

苏格拉底是希腊的穷人，他觉得人生醉生梦死，毫无意义，因此到公共市场，见人就盘问，想借此得到人生的解决。有一次，他碰到一个人去打官司，他就问他，为什么要打官司？那人答道，为公理。他复问道，什么叫公理？那人便瞠目结舌不能作答。苏氏笑道：我知道我不知，你却不知道你不知呵！后来又有一个人告他的父亲不信国教，他又去盘问，那人又被问住了。因此希腊人多恨他，告他两大罪，说他不信国教，带坏少年，政府就判他的死刑。他走出来的时候，对告他的人说："未经考察过的生活，是不值得活的。你们走你们的路，我走我的路吧！"后来他就从容就刑，为找寻人生的意义而牺牲他的生命！

笛卡尔旅行的结果，觉到在此国以为神圣的事，在他国却视为下贱；在此国以为大逆不道的事，在别国却奉为天经地义；因此他觉悟到贵贱善恶是因时因地而不同的。他以为从前积下来的许多观念知识是不可靠的，因为他们多是趁他思想幼稚的时候侵入来的。如若欲过理性的生活，必得将从前积得的知识，一件一件用怀疑的态度去评估他们的价值，重新建设一个理性的是非。这怀疑的态度，就是他对于人生与哲学的贡献。

现在诸君研究佛学，也应当用怀疑的态度去找出它的意义，是否真正比较普遍适用？诸君不要怕，真有价值的东西，决不为怀疑所毁；而能被怀疑所毁的东西，决不会真有价值。我希望诸君实行笛卡尔的怀疑态度，牢记苏格拉底所说的"未经考察过的生活，是不值得活的"这句话。那末，诸君对于明阐哲学，了解人生，不觉其难了。

名 教

原载《新月》第一卷第五号

一九二八年七月十日

    中国是个没有宗教的国家,中国人是个不迷信宗教的民族。——这是近年来几个学者的结论。有些人听了很洋洋得意,因为他们觉得不迷信宗教是一件光荣的事。有些人听了要做愁眉苦脸,因为他们觉得一个民族没有宗教是要堕落的。

    于今好了,得意的也不可太得意了,懊恼的也不必懊恼了。因为我们新发现中国不是没有宗教的:我们中国有一个很伟大的宗教。

    孔教早倒霉了,佛教早衰亡了,道教也早冷落了。然而我们却还有我们的宗教。这个宗教是什么教呢?提起此教,大大有名,它就叫做"名教"。

    名教信仰什么?信仰"名"。

    名教崇拜什么?崇拜"名"。

    名教的信条只有一条:"信仰名的万能。"

    "名"是什么?这一问似乎要做点考据。《论语》里孔子说,"必也正名乎",郑玄注:正名,谓正书字也。古者曰名,今世曰字。

    《仪礼·聘礼》注:

        名,书文也。今谓之字。

《周礼·大行人》下注：

> 书名，书文字也。古曰名。

《周礼·外史》下注：

> 古曰名，今日字。

《仪礼·聘礼》的释文说：

> 名，谓文字也。

总括起来，"名"即是文字，即是写的字。

"名教"便是崇拜写的文字的宗教；便是信仰写的字有神力，有魔力的宗教。

这个宗教，我们信仰了几千年，却不自觉我们有这样一个伟大宗教。不自觉的原故正是因为这个宗教太伟大了，无往不在，无所不包，就如同空气一样，我们日日夜夜在空气里生活，竟不觉得空气的存在了。

现在科学进步了，便有好事的科学家去分析空气是什么，便也有好事的学者去分析这个伟大的名教。

民国十五年有位冯友兰先生发表一篇很精辟的《名教之分析》（《现代评论》第二周年纪念增刊，页一九四——九六）。冯先生指出"名教"便是崇拜名词的宗教，是崇拜名词所代表的概念的宗教。

冯先生所分析的还只是上流社会和知识阶级所奉的"名教"，它的势力虽然也很伟大，还算不得"名教"的最重要部分。

这两年来，有位江绍原先生在他的"礼部"职司的范围内，发现了不少有趣味的材料，陆续在《语丝》《贡献》几种杂志上发表。他同他的朋友们收的材料是细大不捐，雅俗无别的；所以他们的材料使我们渐渐明白我们中国民族崇奉的"名教"是个什么样子。

究竟我们这个贵教是个什么样子呢？且听我慢慢道来。

先从一个小孩生下地说起。古时小孩生下地之后，要请一位专门术家来听小孩的哭声，声中某律，然后取名字（江绍原《小品》百六八，《贡献》第八期，页二四）。现在的民间变简单了，只请一个算命的，排排八字，看他缺少五行之中的哪一行。若缺水，便取个水旁的名字；若缺金，便取个金旁的名字。若缺火又缺土的，我们徽州人便取个"灶"字。名字可以补气禀的缺陷。

小孩命若不好，便把他"寄名"在观音菩萨的座前，取个和尚式的"法名"，便可以无灾无难了。

小孩若爱啼啼哭哭，睡不安宁，便写一张字帖，贴在行人小便的处所，上写着：

天皇皇，地皇皇，我家有个好儿郎。过路君子念一遍，一夜睡到大天光。

文字的神力真不少。

小孩跌了一跤，受了惊骇，那是骇掉了"魂"了，须得"叫魂"。魂怎么叫呢？到那跌跤的地方，撒把米，高叫小孩子的名字，一路叫回家。叫名便是叫魂了。

小孩渐渐长大了，在村学堂同人打架，打输了，心里恨不过，便拿一条柴炭，在墙上写着诅咒他的仇人的标语："王阿三热病打死。"他写了几遍，心上的气便平了。

他的母亲也是这样。她受了隔壁王七嫂的气，便拿一把菜刀，在刀板上剁，一面剁，一面喊"王七老婆"的名字，这便等于乱剁王七嫂了。

他的父亲也是"名教"的信徒。他受了王七哥的气，打又打他不过，只好破口骂他，骂他的爹妈，骂他的妹子，骂他的祖宗十八代。骂了便算出了气了。

据江绍原先生的考察，现在这一家人都大进步了。小孩在墙上会写"打倒阿毛"了。他妈也会喊"打倒周小妹"了。他爸爸也会贴"打倒王庆来"了（《贡献》九期，江绍原《小品》百七八）。

他家里人口不平安，有病的，有死的。这也有好法子。请个道士来，画几道符，大门上贴一张，房门上贴一张，毛厕上也贴一张，病鬼便都跑掉了，再不敢进门了。画符自然是"名教"的重要方法。

死了的人又怎么办呢？请一班和尚来，念几卷经，便可以超度死者了。念经自然也是"名教"的重要方法。符是文字，经是文字，都有不可思议的神力。

死了人，要"点主"。把神主牌写好，把那"主"字上头的一点空着。请一位乡绅来点主。把一只雄鸡头上的鸡冠切破，那位赵乡绅把朱笔蘸饱了鸡冠血，点上"主"字。从此死者的灵魂遂凭依在神主牌上了。

吊丧须用挽联，贺婚贺寿须用贺联；讲究的送幛子，更讲究的送祭文寿序。都是文字，都是"名教"的一部分。

豆腐店的老板梦想发大财，也有法子。请村口王老师写副门联："生意兴隆通四海，财源茂盛达三江"。这也可以过发财的瘾了。

赵乡绅也有他的梦想，所以他也写副门联："总集福荫，备致嘉祥。"

王老师虽是不通，虽是下流，但他也得写一副门联："文章华国，忠孝传家。"

豆腐店老板心里还不很满足，又去请王老师替他写一个大红春帖："对我生财"，贴在对面墙上，于是他的宝号就发财的样子十足了。

王老师去年的家运不大好，所以他今年元旦起来，拜了天地，洗净手，拿起笔来，写个红帖子："戊辰发笔，添丁进财。"他今年一定时运大来了。

父母祖先的名字是要避讳的。古时候，父名晋，儿子不得应进士考试。现在宽得多了，但避讳的风俗还存在一般社会里。皇帝的名字现在不避讳了。但孙中山死后，"中山"尽管可用做学校地方或货品的名称，"孙文"便很少人用了；忠实同志都应该称他为"先总理"。

南京有一个大学，为了改校名，闹了好几次大风潮，有一次竟把校名牌子抬了送到大学院去。

北京下来之后，名教的信徒又大忙了。北京已改作"北平"了；今天又有人提议改南京作"中京"了。还有人郑重提议"故宫博物院"应该改作"废宫博物院"。将来这样大改革的事业正多呢。

前不多时，南京的《京报附刊》的画报上有一张照片，标题是"军事委员会政治训练部宣传处艺术科写标语之忙碌"。图上是五六个中山装的青年忙着写标语，桌上，椅背上，地板上，满铺着写好了的标语，有大字，有小字，有长句，有短句。

这不过是"写"的一部分工作；还有拟标语的，有讨论审定标语的，还有贴标语的。

五月初济南事件发生以后，我时时往来淞沪铁路上，每一次四十分钟的旅行所见的标语总在一千张以上；出标语的机关至少总在七八十个以上。有写着"枪毙田中义一"的，有写着"活埋田中义一"的，有写着"杀尽矮贼"而把"矮贼"两字倒转来写，如报纸上寻人广告倒写的"人"字一样。"人"字倒写，人就会回来了；"矮贼"倒写，矮贼也就算打倒了。

现在我们中国已成了口号标语的世界。有人说，这是从苏俄学来的法子。这是很冤枉的。我前年在莫斯科住了三天，就没有看见墙上有一张标语。标语是道地的国货，是"名教"国家的祖传法宝。

试问墙上贴一张"打倒帝国主义"，同墙上贴一张"对我生财"或"抬头见喜"，有什么分别？是不是一个师父传授的衣钵？

试问墙上贴一张"活埋田中义一"，同小孩子贴一张"雷打王阿毛"，有什么分别？是不是一个师父传授的法宝？

试问"打倒唐生智""打倒汪精卫"，同王阿毛贴的"阿发黄病打死"，有什么分别？王阿毛尽够做老师了，何须远学莫斯科呢？

自然，在党国领袖的心目中，口号标语是一种宣传的方法，政治的武器。但在中小学生的心里，在第九十九师十五连第三排的政治部人员的心里，口号标语便不过是一种出气泄愤的法子罢了。如果"打倒帝国主义"是标语，那么，第十区的第七小学为什么不可贴"杀尽矮贼"的标语呢？如果"打倒汪精卫"是正当的标语，那么"活埋田中义一"为什么不是正当的标语呢？

如果多贴几张"打倒汪精卫"可以有效果，那么，你何以见得多贴几张"活埋田中义一"不会使田中义一打个寒噤呢？

故从历史考据的眼光看来，口号标语正是"名教"的正传嫡派。因为在绝大多数人的心里，墙上贴一张"国民政府是为全民谋幸福的政府"正等于门上写一条"姜太公在此"，有灵则两者都应该有灵，无效则两者同为废纸而已。

我们试问，为什么豆腐店的张老板要在对门墙上贴一张"对我生财"？岂不是因为他天天对着那张纸可以过一点发财的瘾吗？为什么他元旦开门时嘴里要念"元宝滚进来"？岂不是因为他念这句话时心里感觉舒服吗？

要不然，只有另一个说法，只可说是盲从习俗，毫无意义。张老板的祖宗下来每年都贴一张"对我生财"，况且隔壁剃头店门口也贴了一张，所以他不能不照办。

现在大多数喊口号，贴标语的，也不外这两种理由：一是心理上的过瘾，一是无意义的盲从。

少年人抱着一腔热沸的血，无处发泄，只好在墙上大书"打倒卖国贼"，或"打倒日本帝国主义"。写完之后，那二尺见方的大字，那颜鲁公的书法，个个挺出来，好生威武，他自己看着，血也不沸了，气也稍稍平了，心里觉得舒服得多，可以坦然回去休息了。于是他的一腔义愤，不曾收敛回去，在他的行为上与人格上发生有益的影响，却轻轻地发泄在墙头的标语上面了。

这样的发泄情感，比什么都容易，既痛快，又有面子，谁不爱做呢？一回生，二回熟，便成了惯例了，于是"五一""五三""五四""五七""五九""六三"……都照样做去：放一天假，开个纪念会，贴无数标语，喊几句口号，就算做了纪念了！

于是月月有纪念，周周做纪念周，墙上处处是标语，人人嘴上有的是口号。于是老祖宗几千年相传的"名教"之道遂大行于今日，而中国遂成了一个"名教"的国家。

我们试进一步，试问，为什么贴一张"雷打王阿毛"或"枪毙田中义一"可以发泄我们的感情，可以出气泄愤呢？

这一问便问到"名教"的哲学上去了。这里面的奥妙无穷，我们现在只能指出几个有趣味的要点。

第一，我们的古代老祖宗深信"名"就是魂，我们至今不知不觉地还逃不了这种古老迷信的影响。"名就是魂"的迷信是世界人类在幼稚时代同有的。埃及人的第八魂就是"名魂"。我们中国古今都有此迷信。《封神演义》上有个张桂芳能够"呼名落马"；他只叫一声"黄飞虎还不下马，更待何时！"黄飞虎就滚下五色神牛了。不幸张桂芳遇见了哪吒，喊来喊去，哪吒立在风火轮上不滚下来，因为哪吒是莲花化身，没有魂的。《西游记》上有个银角大王，他用一个红葫芦，叫一声"孙行者"，孙行者答应一声，就被装进去了。后来孙行者逃出来，又来挑战，改名做"行者孙"，答应了一声，也就被装了进去！因为有名就有魂了（参看《贡献》八期，江绍原《小品》百五四）。民间"叫魂"，只是叫名字，因为叫名字就是叫魂了。因为如此，所以小孩在墙上写"鬼捉王阿毛"，便相信鬼真能把阿毛的魂捉去。党部中人制定"打倒汪精卫"的标语，虽未必相信"千夫所指，无病自死"；但那位贴"枪毙田中"的小学生却难保不知不觉地相信他有咒死田中的功用。

第二，我们的古代老祖宗深信"名"（文字）有不可思议的神力，我们也免不了这种迷信的影响。这也是幼稚民族的普通迷信，高等民族也往往不能免除。《西游记》上如来佛写了"唵嘛呢叭咪吽"六个字,便把孙猴子压住了一千年。观音菩萨念一个"唵"字咒语,便有诸神来见。他在孙行者手心写一个"咪"字,就可以引红孩儿去受擒。小说上的神仙妖道作法,总得"口中念念有词"。一切符咒,都是有神力的文字。现在有许多人似乎真相信多贴几张"打倒军阀"的标语便可以打倒张作霖了。他们若不信这种神力,何以不到前线去打仗,却到吴淞镇的公共厕所墙上张贴"打倒张作霖"的标语呢?

第三,我们的古代圣贤也曾提倡一种"理智化"了的"名"的迷信,几千年来深入人心,也是造成"名教"的一种大势力。卫君要请孔子去治国,孔老先生却先要"正名"。他恨极了当时的乱臣贼子,却又"手无斧柯,奈龟山何"!所以他只好作一部《春秋》来褒贬他们,"一字之贬,严于斧钺;一字之褒,荣于华衮"。这种思想便是古代所谓"名分"的观念。尹文子说:

> 善名命善,恶名命恶。故善有善名,恶有恶名。……今亲贤而疏不肖,赏善而罚恶。贤不肖,善恶之名宜在彼;亲疏赏罚之称宜属我。……"名"宜属彼,"分"宜属我。我爱白而憎黑,韵商而舍徵,好膻而恶焦,嗜甘而逆苦:白黑商徵,膻焦甘苦,彼之"名"也;爱憎韵舍,好恶嗜逆,我之"分"也。定此名分,则万事不乱也。

"名"是表物性的,"分"是表我的态度的。善名便引起我爱敬的态度,恶名便引起我厌恨的态度。这叫做"名分"的哲学。"名教"、"礼教"便建筑在这种哲学的基础之上。一块石头,变作了贞节牌坊,便可以引无数青年妇女牺牲她们的青春与生命去博礼教先生的一篇铭赞,或志书"列女"门里的一个名字。"贞节"是"名",羡慕而情愿牺牲,便是"分"。女子的脚裹小了,男子赞为"美",诗人说是"三寸金莲",于是几万万的妇女便拼命裹小脚了。"美"与"金莲"是"名",羡慕而情愿吃苦牺牲,便是"分"。现在人说小脚"不美",又"不人道",名变了,分也变了,于是小脚的女子也得塞棉花,充天脚了。——现在的许多标语,大都有个褒贬的用意:宣传便是宣传这褒贬的用意。说某人是"忠实同志",便是教人"拥护"他。说某人是"军阀""土豪劣绅""反动""反革命""老朽昏庸",便是教人"打倒"他。故"忠实同志""总理信徒"的名,要引起"拥护"的分。"反动分子"的名,要引起"打倒"的分。故今日墙上的无数"打倒"与"拥护",其实都是要寓褒贬,定名分。不幸标语用得太滥了,今天要打倒的,明天却又在拥护之列了;今天的忠实同志,明天又变为反革命了。于是打倒不足为辱,而反革命有人竟以为荣。于是"名教"失其作用,只成为墙上的符箓而已。

两千年前,有个九十岁的老头子对汉武帝说:"为治不在多言,顾力行何如耳。"两千年后,我们也要对现在的治国者说:

治国不在口号标语,顾力行何如耳。

一千多年前,有个庞居士,临死时留下两句名言:

但愿空诸所有。
慎勿实诸所无。

"实诸所无",如"鬼"本是没有的,不幸古代的浑人造出"鬼"名,更造出"无常鬼""大头鬼""吊死鬼"等等名,于是人的心里便像煞真有鬼了。我们对于现在的治国者,也想说:

但愿实诸所有。
慎勿实诸所无。

末了,我们也学时髦,编两句口号:
打倒名教!
名教扫地,中国有望。

十七,七,二

人生有何意义

原载《生活》周刊第三卷第三八期
一九二九年八月五日

一　答某君书

……我细读来书，终觉得你不免作茧自缚。你自己去寻出一个本不成问题的问题，"人生有何意义？"其实这个问题是容易解答的。人生的意义全是各人自己寻出来、造出来的：高尚、卑劣、清贵、污浊、有用、无用……全靠自己的作为。生命本身不过是一件生物学的事实，有什么意义可说？生一个人与一只猫，一只狗，有什么分别？人生的意义不在于何以有生，而在于自己怎样生活。你若情愿把这六尺之躯葬送在白昼做梦之上，那就是你这一生的意义。你若发愤振作起来，决心去寻求生命的意义，去创造自己的生命的意义，那么，你活一日便有一日的意义，做一事便添一事的意义，生命无穷，生命的意义也无穷了。

总之，生命本没有意义，你要能给它什么意义，它就有什么意义。与其终日冥想人生有何意义，不如试用此生做点有意义的事。……

十七，一，廿七

二　为人写扇子的话

知世如梦无所求，无所求心普空寂。

还似梦中随梦境，成就河沙梦功德。

　　王荆公小诗一首，真是有得于佛法的话。认得人生如梦，故无所求。但无所求不是无为。人生固然不过一梦，但一生只有这一场做梦的机会，岂可不努力做一个轰轰烈烈像个样子的梦？岂可糊糊涂涂懵懵懂懂混过这几十年吗？

十八，五，十三

慈幼的问题

本文收入《胡适文存》时未见发表,从文后所署时间知本文写于一九二九年十月

我的一个朋友对我说过一句很深刻的话:"你要看一个国家的文明,只消考察三件事:第一,看他们怎样待小孩子;第二,看他们怎样待女人;第三,看他们怎样利用闲暇的时间。"

这三点都很扼要,只可惜我们中国经不起这三层考察。这三点之中,无论哪一点都可以宣告我们这个国家是最野蛮的国家。我们怎样待孩子?我们怎样待女人?我们怎样用我们的闲暇工夫?——凡有夸大狂的人,凡是夸大我们的精神文明的人,都不可不想想这三件事。

其余两点,现今且不谈,我们来看看我们怎样待小孩子。

从生产说起。我们到今天还把生小孩看作最污秽的事,把产妇的血污看作最不净的秽物。血污一冲,神仙也会跌下云头!这大概是野蛮时代遗传下来的迷信。但这种迷信至今还使绝大多数的人民避忌产小孩的事,所以"接生"的事至今还在绝无知识的产婆的手里,手术不精,工具不备,消毒的方法全不讲究,救急的医药全不知道。顺利的生产有时还不免危险,稍有危难的症候便是有百死而无一生。

生下来了,小孩子的卫生又从来不讲究。小孩总是跟着母亲睡,哭时便用奶头塞住嘴,再哭时便摇他,再哭时便打他。饮食从没有分量,疾病从不知隔离。有病时只

会拜神许愿，求仙方，叫魂，压邪。中国小孩的长大全是靠天，只是侥幸长大，全不是人事之功。

小孩出痘出花，都没有科学的防卫。供一个"麻姑娘娘"，供一个"花姑娘娘"，避避风，忌忌口；小孩子若安全过去了，烧香谢神；小孩若遇了危险，这便是"命中注定"！

普通人家的男孩子固然没有受良好教育的机会，女孩子便更痛苦了。女孩子到了四五岁，母亲便把她的脚裹扎起来，小孩疼得号哭叫喊，母亲也是眼泪直滴。但这是为女儿的终身打算，不可避免的，所以母亲噙着眼泪，忍着心肠，紧紧地扎缚，密密地缝起，总要使骨头扎断，血肉干枯，变成三四寸的小脚，然后父母才算尽了责任，女儿才算有了做女人的资格！

孩子到了六七岁以上，女孩子固然不用进学堂去受教育，男孩子受的教育也只是十分野蛮的教育。女孩在家里裹小脚，男孩在学堂念死书。怎么"念死书"呢？他们的文字都是死人的文字，字字句句都要翻译才能懂，有时候翻译出来还不能懂。例如《三字经》上的"苟不教"，我们小孩子念起来只当是"狗不叫"，先生却说是"倘使不教训"。又如《千字文》上的"天地玄黄，宇宙洪荒"，我从五岁时读起，现在做了十年大学教授，还不懂得这八个字究竟说的是什么话！所以叫做"念死书"。

因为念的是死书，所以要下死劲去念。我们做小孩子时候，天刚亮，便进学堂去"上早学"，空着肚子，鼓起喉咙，念三四个钟头才回去吃早饭。从天亮直到天黑，才得回家。晚上还要"念夜书"。这种生活实在太苦了，所以许多小孩子都要逃学。逃学的学生，捉回来之后，要受很严厉的责罚，轻的打手心，重的打屁股。有许多小孩子身体不好的，往往有被学堂磨折死的，也有得神经病终身的。

这是我们怎样待小孩子！

我们深深感谢帝国主义者，把我们从这种黑暗的迷梦里惊醒起来。我们焚香顶礼感谢基督教的传教士带来了一点点西方新文明和新人道主义，叫我们知道我们这样待小孩子是残忍的，惨酷的，不人道的，野蛮的。我们十分感谢这班所谓"文化侵略者"提倡"天足会""不缠足会"，开设新学堂，开设医院，开设妇婴医院。

我们用现在的眼光来看他们的工作，他们的学堂不算好学堂，他们的医院也不算好医院。但是他们是中国新教育的先锋，他们是中国"慈幼运动"的开拓者，他们当年的缺陷，是我们应该原谅宽恕的。

几十年来，中国小孩子比较的减少了一点痛苦，增加了一点乐趣。但"慈幼"的运动还只在刚开始的时期，前途的工作正多，前途的希望也正大。我们在这个时候，一方面固然要宣传慈幼运动的重要，一方面也应该细细计划慈幼事业的问题和他们的下手方法。中华慈幼协济会的主持人已请了许多专家分任各种问题的专门研究，我今天也想指出慈幼事业的几个根本问题，供留心这事的人的参考。

我以为慈幼事业在今日有这些问题：

（一）产科医院和"巡行产科护士"（Visiting nurses）的提倡。产科医院的设立应该作为每县每市的建设事业的最紧急部分，这是毫无可疑的。但欧美的经验使我们知道下等社会的妇女对于医院往往不肯信任，她们总不肯相信医院是为她们贫人设的，她们对于产科医院尤其怀疑畏缩。所以有"巡行护士"的法子，每一区区域内有若干护士到人家去访问视察，得到孕妇的好感，解释她们的怀疑，帮助她们解除困难，指点她们讲究卫生。这是慈幼事业的根本要着。

（二）儿童卫生固然重要，但儿童卫生只是公共卫生的一个部分。提倡公共卫生即是增进儿童卫生。公共卫生不完备，在蚊子苍蝇成群的空气里，在臭水沟和垃圾堆的环境里，在浓痰满地病菌飞扬的空气里，而空谈慈幼运动，岂不是一个大笑话？

（三）女子缠足的风气在内地还不曾完全消灭，这也是慈幼运动应该努力的一个方向。

（四）慈幼运动的中心问题是养成有现代知识训练的母亲。母亲不能慈幼，或不知怎样慈幼，则一切慈幼运动都无是处。现在的女子教育似乎很忽略这一方面，故受过中等教育的女子往往不知道怎样养育孩子。上月西湖博览会的卫生馆有一间房子墙上陈列许多产科卫生的图画，和传染病的图画。我看见一些女学生进来参观，她们见了这种图画往往掩面飞跑而过。这是很可惜的。女子教育的目的固然是要养成能独立的"人"，同时也不能不养成做妻做母的知识。从前昏谬的圣贤说，"未有学养子而后嫁者也"。现在我们正要个个女子先学养子，学教子，学怎样保卫儿童的卫生，然后谈恋爱，择伴侣。故慈幼运动应该注重：（甲）女学的扩充，（乙）女子教育的改善。

（五）儿童的教育应该根据于儿童生理和心理。这是慈幼运动的一个基本原则。向来的学堂完全违背儿童心理，只教儿童念死书，下死劲。近年的小学全用国语教课，减少课堂工作，增加游戏运动，固然是一大进步。但我知道各地至今还有许多小学校不肯用国语课本，或用国语课本而另加古文课本；甚至于强迫儿童在小学二三年级作文言文，这是明明违背民国十一年以来的新学制，并且根本不合儿童生理和心理。慈幼的意义是改善儿童的待遇，提高儿童的幸福。这种不合儿童生理和心理的学校，便是慈幼运动的大仇敌，因为他们的行为便是虐待儿童，增加学校生活的苦痛。他们所以敢于如此，只因为社会上许多报纸和政府的一切法令公文都还是用死文字作的，一般父兄恐怕儿女不懂古文，将来谋生困难，故一些学校便迎合这种父兄心理，加添文言课本，强迫作文言文。故慈幼运动者在这个时候一面应该调查各地小学课程，禁止小学校用文言课本或用文言作文，一面还应该为减少儿童痛苦起见，努力提倡国语运动，请中央及各地方政府把一切法令公文改成国语，使顽固的父兄教员无所借口。这是慈幼运动在今日最应该做而又最容易做的事业。

十八年十月

青年人的苦闷

胡适据给北大机械系邓世华的信改写
载于《独立评论》第一集

今年六月二日早晨,一个北京大学一年级学生,在悲观与烦闷之中,写了一封很沉痛的信给我。这封信使我很感动,所以我在那个六月二日的半夜后写了一封一千多字的信回答他。

我觉得这个青年学生诉说他的苦闷不仅是他一个人感受的苦闷,他要解答的问题也不仅是他一个人要问的问题。今日无数青年都感觉大同小异的苦痛与烦闷,我们必须充分了解这件绝不容讳饰的事实,我们必须帮助青年人解答他们渴望解答的问题。

这个北大一年级学生来信里有这一段话:

生自小学毕业到中学,过了八年沦陷生活,苦闷万分,夜中偷听后方消息,日夜企盼祖国胜利,在深夜时暗自流泪,自恨不能为祖国做事。对蒋主席之崇拜,无法形容。但胜利后,我们接收大员及政府所表现的,实在大不像话。……生从沦陷起对政府所怀各种希望完全变成失望,且曾一度悲观到萌自杀的念头。……自四月下旬物价暴涨,同时内战更打得起劲。生亲眼见到同胞受饥饿而自杀,以及内战的惨酷,联想到祖国的今后前途,不禁悲从中来，原因是生受过敌人压迫，实再怕做第二次亡国奴！……我伤心，我悲哀，同时绝望——

在绝望的最后几分钟，问您几个问题。

他问了我七个问题，我现在挑出这三个：

一、国家是否有救？救的方法为何？
二、国家前途是否绝望？若有，希望在哪里？请具体示知。
三、青年人将苦闷死了，如何发泄？

以上我摘抄这个青年朋友的话，以下是我答复他的话的大致，加上后来我自己修改引申的话。这都是我心里要对一切苦闷青年说的老实话。

我们今日所受的苦痛，都是我们这个民族努力不够的当然结果。我们事事不如人：科学不如人，工业生产不如人，教育不如人，知识水准不如人，社会政治组织不如人；所以我们经过了八年的苦战，大破坏之后，恢复很不容易。人家送兵船给我们，我们没有技术人才去驾驶。人家送工厂给我们——如胜利之后敌人留下了多少大工厂，——而我们没有技术人才去接收使用，继续生产，所以许多烟囱不冒烟了，机器上了锈，无数老百姓失业了！

青年人的苦闷失望——其实岂但青年人苦闷失望吗？——最大原因都是因为我们前几年太乐观了，大家都梦想"天亮"，都梦想一旦天亮之后就会"天朗气清，惠风和畅"，有好日子过了！

这种过度的乐观是今日一切苦闷悲观的主要心理因素。大家在那"夜中偷听后方消息，日夜企盼祖国胜利"的心境里，当然不会想到战争是比较容易的事，而和平善后是最困难的事。在胜利的初期，国家的地位忽然抬高了，从一个垂亡的国家一跳就成了世界上第四强国了！大家在那狂喜的心境里，更不肯去想想坐稳那世界第四把交椅是多大困难的事业。天下哪有科学落后，工业生产落后，政治经济社会组织事事落后的国家可以坐享世界第四强国的福分！

试看世界的几个先进国家，战胜之后，至今都还不能享受和平的清福，都还免不了饥饿的恐慌。美国是唯一的例外。前年十一月我到英国,住在伦敦第一等旅馆里,整整三个星期,没有看见一个鸡蛋！我到英国公教人员家去,很少人家有一盒火柴,却只用小木片向炉上点火供客。大多数人的衣服都是旧的补钉的。试想英国在三十年前多么威风！在第二次大战之中,英国人一面咬牙苦战,一面都明白战胜之后英国的殖民地必须丢去一大半,英国必须降为二等大国,英国人民必须吃大苦痛。但英国人的知识水准高,大家绝不悲观,都能明白战后恢复工作的巨大与艰难,必须靠大家束紧裤带,挺起脊梁,埋头苦干。

我们中国今日无数人的苦闷悲观,都由于当年期望太奢而努力不够。我们在今日必须深刻地了解:和平善后要比八年抗战困难得多多。大战时须要吃苦努力,胜利之后更要吃苦努力,才可以希望在十年二十年之中做到一点复兴的成绩。

国家当然有救,国家的前途当然不绝望。这一次日本的全面侵略,中国确有亡国的危险。我们居然得救了。现存的几个强国,除了一个国家还不能使我们完全放心之外,都绝对没有侵略我们的企图。我们的将来全靠我们自己今后如何努力。

正因为我们今日的种种苦痛都是从前努力不够的结果,所以我们将来的恢复与兴盛决没有捷径,只有努力工作一条窄路,一点一滴地努力,一寸一尺地改善。

悲观是不能救国的,呐喊是不能救国的,口号标语是不能救国的,责人而自己不努力是不能救国的。

我在二十多年前最爱引易卜生对他的青年朋友说的一句话:"你要想有益于社会,最好的法子莫如把自己这块材料铸造成器。"我现在还要把这句话赠送给一切悲观苦闷的青年朋友。社会国家需要你们做最大的努力,所以你们必须先把自己这块材料铸造成有用的东西,方才有资格为社会国家努力。

今年四月十六日,美国南加罗林那州的州议会举行了一个很隆重的典礼,悬挂本州最有名的公民巴鲁克(Bernard M. Baruch)的画像在州议会的壁上,请巴鲁克先生自己来演说。巴鲁克先生今年七十七岁了,是个犹太种的美国大名人。当第一次世界大战时,他是威尔逊总统的国防顾问,是原料委员会的主任,后来专管战时工业原料。巴黎和会时,他是威尔逊的经济顾问。当第二次世界大战时,他是战时动员总署的专家顾问,是罗斯福总统特派的人造橡皮研究委员会的主任。战争结束后,他是总统特任的原子能管理委员会的主席。他是两次世界大战都曾出大力有大功的一个公民。

这一天，这位七十七岁的巴鲁克先生起来答谢他的故乡同胞对他的好意，他的演说辞是广播全国对全国人民说的。他的演说，从头至尾，只有一句话：美国人民必须努力工作，必须为和平努力工作，必须比战时更努力工作。

巴鲁克先生说："现在许多人说借款给人可以拯救世界，这是一个最大的错觉。只有人们大家努力做工可以使世界复兴，如果我们美国愿意担负起保存文化的使命，我们必须做更大的努力，比我们四年苦战还更大的努力。我们必须准备出大汗，努力撙节，努力制造世界人类需要的东西，使人们有面包吃，有衣服穿，有房子住，有教育，有精神上的享受，有娱乐。"

他说："工作是把苦闷变成快乐的炼丹仙人。"他又说："美国工人现在的工作时间太短了，不够应付世界的需要。"他主张：如果不能回到每周六天，每天八小时的工作时间，至少要大家同心做到每周四十四小时的工作；不罢工，不停顿，才可以做出震惊全世界的工作成绩来。

巴鲁克先生最后说："我们必须认清：今天我们正在四面包围拢来的通货膨胀的危崖上，只有一条生路，那就是工作。我们生产越多，生活费用就越减低；我们能购买的货物也就越加多，我们的剩余力量（物质的、经济的、精神的）也就越容易积聚。"

我引巴鲁克先生的演说，要我们知道，美国在这极强盛极光荣的时候，他们远见的领袖还这样力劝全国人民努力工作。"工作是把苦闷变成快乐的炼丹仙人"，我们中国青年不应该想想这句话吗？

第二章　我的娱乐

一个问题

原载《每周评论》第三一号
一九一九年七月二十日

我到北京不到两个月。这一天我在中央公园里吃冰,几位同来的朋友先散了;我独自坐着,翻开几张报纸看看,只见满纸都是讨伐西南和召集新国会的话。我懒得看那些疯话,丢开报纸,抬起头来,看见前面来了一男一女,男的抱着一个小孩子,女的手里牵着一个三四岁的孩子。我觉得那男的好生面善,仔细打量他,见他穿一件很旧的官纱长衫,面上很有老态,背脊微有点弯,因为抱着孩子,更显出曲背的样子。他看见我,也仔细打量。我不敢招呼,他们就过去了。走过去几步,他把小孩子交给那女的,他重又回来,问我道:"你不是小山吗?"我说:"正是。你不是朱子平吗?我几乎不敢认你了!"他说:"我是子平,我们八九年不见,你还是壮年,我竟成了老人了,怪不得你不敢招呼我。"

我招呼他坐下,他不肯坐,说他一家人都在后面坐久了,要回去预备晚饭了。我说:"你现在是儿女满前的福人了。怪不得要自称老人了。"他叹口气,说,"你看我狼狈到这个样子,还要取笑我?我上个月见着伯安、仲实弟兄们,才知道你今年回国。你是学哲学的人,我有个问题要来请教你。我问过多少人,他们都说我有神经病,不大理会我。你把住址告诉我,我明天来看你。今天来不及谈了。"

我把住址告诉了他,他匆匆地赶上他的妻子,接过小孩子,一同出去了。

我望着他们出去，心里想道：朱子平当初在我们同学里面，要算一个很有豪气的人，怎么现在弄得这样潦倒？看他见了一个多年不见的老同学，一开口就有什么问题请教，怪不得人说他有神经病。但不知他因为潦倒了才有神经病呢？还是因为有了神经病所以潦倒呢？……

第二天一大早，他果然来了。他比我只大得一岁，今年三十岁。但是他头上已有许多白发了。外面人看来，他至少要比我大十几岁。

他还没有坐定，就说："小山，我要请教你一个问题。"

我问他什么问题。他说："我这几年以来，差不多没有一天不问自己道：人生在世，究竟是为什么的？我想了几年，越想越想不通。朋友之中也没有人能回答这个问题。起先他们给我一个'哲学家'的绰号，后来他们竟叫我作朱疯子了！小山，你是见多识广的人，请你告诉我，人生在世，究竟是为什么的？"

我说："子平，这个问题是没有答案的。现在的人最怕的是有人问他这个问题。得意的人听着这个问题就要扫兴，不得意的人想着这个问题就要发狂。他们是聪明人，不愿意扫兴，更不愿意发狂，所以给你一个疯子的绰号，就算完了。——我要问你，你为什么想到这个问题上去呢？"

他说："这话说来很长，只怕你不爱听。"

我说我最爱听。他叹了一口气，点着一根纸烟，慢慢地说。以下都是他的话：

我们离开高等学堂那一年，你到英国去了，我回到家乡，生了一场大病，足足的病了十八个月。病好了，便是辛亥革命，把我家在汉口的店业就光复掉了。家里生计渐渐困难，我不得不出来谋事。那时伯安、石生一班老同学都在北京，我写信给他们，托他们寻点事做。后来他们写信给我，说从前高等学堂的老师陈老先生答应要我去教他的孙子。我到了北京，就住在陈家。陈老先生在大学堂教书，又担任女子师范的国文，一个月拿的钱很多，但是他的两个儿子都不成器，老头子气得很，发愤要教育他几个孙子成人。但是他一个人教两处书，哪有工夫教小孩子？你知道我同伯安都是他的得意学生，所以他叫我去，给我二十块钱一个月，住的房子，吃的饭，都是他的，总算他老先生的一番好意。

过了半年，他对我说，要替我做媒。说的是他一位同年的女儿，现在女子师范读书，快要毕业了。那女子我也见过一两次，人倒很朴素稳重。但是我一个月拿人家二十块钱，如何养得起家小？我把这个意思回复他，谢他的好意。老先生有点不高兴，当时也没说什么。过了几天，他请了伯安、仲实弟兄到他家，要他们劝我就这门亲事。他说："子平的家事，我是晓得的。他家三代单传，嗣续的事不能再缓了。二十多岁的少年，哪里怕没有事做？还怕养不活老婆吗？我替他做媒的这头亲事是再好也没有的。女的今年就毕业，毕业后还可在本京蒙养院教书，我已经替她介绍好了。蒙养院的钱虽不多，也可以贴补一点家用。他再要怕不够时，我把女学堂的三十块钱让他去教。我老了，大学堂一处也够我忙了。你们看我这个媒人总可算是竭力报效了。"

伯安弟兄把这番话对我说，你想我如何能再推辞。我只好写信告诉家母。家母回信，也说了许多"三代单传，不孝有三，无后为大"的话。又说，"陈老师这番好意，你稍有人心，应该感激图报，岂可不识抬举？"

我看了信，晓得家母这几年因为我不肯娶亲，心里很不高兴，这一次不过是借题发点牢骚。我仔细一想，觉得做了中国人，老婆是不能不讨的，只好将就点罢。

我去找到伯安、仲实，说我答应订定这门亲事，但是我现在没有积蓄，须过一两年再结婚。

他们去见老先生，老先生说："女孩子今年二十三岁了，她父亲很想早点嫁了女儿，好替他小儿子娶媳妇。你们去对子平说，叫他等女的毕业了就结婚。仪节简单一点，不费什么钱。他要用木器家具，我这里有用不着的，他可以搬去用。我们再替他邀一个公份，也就可以够用了。"

他们来对我说，我没有话可驳回，只好答应了。过了三个月，我租了一所小屋，预备成亲。老先生果然送了一些破烂家具，我自己添置了一点。伯安、石生一些人发起一个公份，送了我六十多块钱的贺仪，只够我替女家做了两套衣服，就完了。结婚的时候，我还借了好几十块钱，才勉强把婚事办了。

结婚的生活，你还不曾经过。我老实对你说，新婚的第一年，的确是很有乐趣的生活。我的内人，人极温和，她晓得我的艰苦，我们从不肯乱花一个钱。我们只用一个老妈，白天我上陈家教书，下午到女师范教书，她到蒙养院教书。晚上回家，我们自己做两样家乡小菜，吃了晚饭，闲谈一会，我改我的卷子，她陪我坐着做点针线。我有时做点文字卖给报馆，有时写到夜深才睡。她怕我身体过劳，每晚到了十二点钟，她把我的墨盒纸笔都收了去，吹灭了灯，不许我再写了。

小山，这种生活，确有一种乐趣。但是不到七八个月，我的内人就病了，呕吐得很利害。我们猜是喜信，请医生来看，医生说八成是有喜。我连忙写信回家，好叫家母欢喜。老人家果然欢喜得很，托人写信来说了许多孕妇保重身体的法子，还做了许多小孩的衣服小帽寄来。

产期将近了。她不能上课，请了一位同学代她。我添雇了一个老妈子，还要准备许多临产的需要品。好容易生下一个男孩子来。产后内人身体不好，乳水不够，不能不雇奶妈。一家平空减少了每月十几块钱的进账，倒添上了几口人吃饭拿工钱。家庭的担负就很不容易了。

过了几个月，内人身体复原了，依旧去上课，但是记挂着小孩子，觉得很不方便。看在十几块钱的面上，只得忍着心肠做去。

不料陈老先生忽然得了中风的病，一起病就不能说话，不久就死了。他那两个宝贝儿子，把老头子的一点存款都瓜分了，还要赶回家去分田产，把我的三个小学生都带回去了。

我少了二十块钱的进款，正想寻事做，忽然女学堂的校长又换了人，第二年开学时，他不曾送聘书来，我托熟人去说，他说我的议论太偏僻了，不便在女学堂教书。我生了气,也不屑再去求他了。

伯安那时做众议院的议员,在国会里颇出点风头。我托他设法。他托陈老先生的朋友把我荐到大学堂去当一个事务员,一个月拿三十块钱。

我们只好自己刻苦一点,把奶妈和那添雇的老妈子辞了。每月只吃三四次肉。有人请我吃酒,我都辞了不去,因为吃了人的,不能不回请。戏园里是四年多不曾去过了。

但是无论我们怎样节省,还是不够用。过了一年又添了一个孩子。这回我的内人自己给他奶吃,不雇奶妈了。但是自己的乳水不够,我们用开成公司的豆腐浆代它,小孩子不肯吃,不到一岁就殇掉了。内人哭得什么似的。我想起孩子之死全系因为雇不起奶妈,内人又过于省俭,不肯吃点滋养的东西,所以乳水更不够。我看见内人伤心,我心里实在难过。

后来时局一年坏似一年,我的光景也一年更紧似一年。内人因为身体不好,辍课太多,蒙养院的当局颇说嫌话,内人也有点拗性,索性辞职出来。想找别的事做,一时竟寻不着。北京这个地方,你想寻一个三百五百的阔差使,反不费力。要是你想寻二三十块钱一个的小事,那就比登天还难。到了中交两行停止兑现的时候,我那每月三十块钱的票子更不够用了。票子的价值越缩下去,我的大孩子吃饭的本事越来越大。去年冬天,又生了一个女孩子,就是昨天你看见我抱着的。我托了伯安去见大学校长,请他加我的薪水,校长晓得我做事认真,加了我十块钱票子,共是四十块,打个七折,四七二十八,你替我算算,房租每月六块,伙食十五块,老妈工钱两块,已是二十三块了。剩下五块大钱,每天只派着一角六分大洋做零用钱。做衣服的钱都没有,不要说看报买书了。大学图书馆里虽然有书有报,但是我一天忙到晚,公事一完,又要赶回家帮内人照应小孩子,哪里有工夫看书阅报?晚上我腾出一点工夫做点小说,想赚几个钱。我的内人向来不许我写过十二点钟的,于今也不来管我了。她晓得我们现在所处的境地,非寻两个外块钱不能过日子,所以只好由我写到两三点钟才睡。但是现在卖文的人多了,我又没有工夫看书,全靠绞脑子,挖心血,没有接济思想的来源,作的东西又都是百忙里偷闲潦草作的,哪里会有好东西?所以往往卖不起价钱,有时原稿退回,我又修改一点,寄给别家。前天好容易卖了一篇小说,拿着五块钱,所以昨天全家去逛中央公园,去年我们竟不曾去过。

我每天五点钟起来——冬天六点半起来——午饭后靠着桌子偷睡半个钟头,一直忙到夜深半夜后。忙的是什么呢?我要吃饭,老婆要吃饭,还要喂小孩子吃饭——所忙的不过为了这一件事!

我每天上大学去,从大学回来,都是步行。这就是我的体操,不但可以省钱,还可给我一点用思想的时间,使我可以想小说的布局,可以想到人生的问题。有一天,我的内人的姊夫从南边来,我想请他上一回馆子,家里恰没有钱,我去问同事借,那几位同事也都是和我不相上下的穷鬼,哪有钱借人?我空着手走回家,路上自思自想,忽然想到一个大问题,就是"人生在世,究竟是为什么的?"……我一头想,一头走,想入了迷,就站在北河沿一棵柳树下,望着水里的树影子,足足站了两个钟头。等到我醒过来走回家时,天已黑了,客人已经走了半天了!

自从那一天起到现在,几乎没有一天我不想这个问题。有时候,我从睡梦里喊着"人生在世,究竟是为什么的"?

小山,你是学哲学的人。像我这样养老婆,喂小孩子,就算做了一世的人吗?……

民国八年

终身大事——游戏的喜剧

原载《新青年》六卷三号
一九一九年三月

（序）

前几天有几位美国留学的朋友来说，北京的美国大学同学会不久要开一个宴会。中国的会员想在那天晚上演一出短戏。他们限我于一天之内编成一个英文短戏，预备给他们排演。我勉强答应了，明天写成这出独折戏，交与他们。后来他们因为寻不到女角色，不能排演此戏。不料我的朋友卜思先生见了此戏，就拿去给《北京导报》主笔刁德仁先生看，刁先生一定要把这戏登出来，我只得由他。后来因为有一个女学堂要排演这戏，所以我又把它翻成中文。

这一类的戏，西文教做 Farce，译出来就是游戏的喜剧。

这是我第一次弄这一类的玩意儿，列位朋友莫要见笑。

戏中人物

田太太

田先生

田亚梅女士

算命先生（瞎子）

田宅的女仆李妈

布　景

田宅的会客室。右边有门，通大门。左边有门，通饭厅。背面有一张沙发榻。两旁有两张靠椅。中央一张小圆桌子，桌上有花瓶。桌边有两张座椅。左边靠壁有一张小写字台。

墙上挂的是中国字画，夹着两块西洋荷兰派的风景画。这种中西合璧的陈设，很可表示这家人半新半旧的风气。

开幕时，幕慢慢地上去，台下的人还可听见台上算命先生弹的弦子将完的声音。田太太坐在一张靠椅上。算命先生坐在桌边椅子上。

田太太　　你说的话我不大听得懂。你看这门亲事可对得吗？

算命先生　田太太，我是据命直言的。我们算命的都是据命直言的。你知道——

田太太　　据命直言是怎样呢？

算命先生　这门亲事是做不得的。要是你家这位姑娘嫁了这男人，将来一定没有好结果。

田太太　　为什么呢？

算命先生　你知道，我不过是据命直言。这男命是寅年亥日生的，女命是巳年申时生的。正合着命书上说的"蛇配虎，男克女。猪配猴，不到头"。这是合婚最忌的八字。属蛇的和属虎的已是相克的了。再加上亥日申时，猪猴相克，这是两重大忌的命。这两口儿要是成了夫妇，一定不能团圆到老。仔细看起来，男命强得多，是一个夫克妻之命，应该女人早年短命。田太太，我不过是据命直言，你不要见怪。

田太太　　不怪，不怪。我是最喜欢人直说的。你这话一定不会错。昨天观音娘娘也是这样说。

算命先生　哦！观音菩萨也这样说吗？

田太太　是的,观音娘娘签诗上说——让我寻出来念给你听。(走到写字台边,翻开抽屉,拿出一张黄纸,念道)这是七十八签,下下。签诗说："夫妻前生定,因缘莫强求。逆天终有祸,婚姻不到头。"

算命先生　"婚姻不到头！"这句诗和我刚才说的一个字都不错。

田太太　观音娘娘的话自然不会错的。不过这件事是我家姑娘的终身大事,我们做爷娘的总得二十四小心地办去。所以我昨日求了签诗,总还有点不放心。今天请你先生来看看这两个八字里可有什么合得拢的地方。

算命先生　没有。没有。

田太太　娘娘的签诗只有几句话,不容易懂得。如今你算起命来,又合签诗一样。这个自然不用再说了。(取钱付算命先生)难为你。这是你对八字的钱。

算命先生　(伸手接钱)不用得,不用得。多谢,多谢。想不到观音娘娘的签诗居然和我的话一样！(立起身来)

田太太　(喊道)李妈！(李妈从左边门进来)你领他出去。

(李妈领算命先生从左边门出去)

田太太　(把桌上的红纸庚帖收起,折好了,放在写字台的抽屉里。又把黄纸签诗也放进去,口里说道)可惜！可惜这两口儿竟配不成！

田亚梅女士　(从右边门进来。她是一个二十三四岁的女子,穿着出门的大衣,脸上现出有心事的神气。进门后,一面脱下大衣,一面说道)妈,你怎么又算起命来了？我在门口碰着一个算命的走出去。你忘了爸爸不准算命的进门吗？

田太太　我的孩子,就只这一次,我下次再不干了。

田女　但是你答应了爸爸以后不再算命了。

田太太　我知道,我知道,但是这一回我不能不请教算命的。我叫他来把你和那陈先生的八字排排看。

田女　哦！哦！

田太太　你要知道,这是你的终身大事,我又只生了你一个女儿,我不能糊里

　　　　　糊涂地让你嫁一个合不来的人。

田女　　谁说我们合不来？我们是多年的朋友，一定很合得来。

田太太　一定合不来。算命的说你们合不来。

田女　　他懂得什么？

田太太　不单是算命的这样说，观音菩萨也这样说。

田女　　什么？你还去问过观音菩萨吗？爸爸知道了更要说话了。

田太太　我知道你爸爸一定同我反对，无论我做什么事，他总同我反对。但是你想，我们老年人怎么敢决断你们的婚姻大事。我们无论怎样小心，保不住没有错。但是菩萨总不会骗人。况且菩萨说的话，和算命的说的，竟是一样，这就更可相信了。（立起来，走到写字台边，翻开抽屉）你自己看菩萨的签诗。

田女　　我不要看，我不要看！

田太太　（不得已把抽屉盖了）我的孩子，你不要这样固执。那位陈先生我是很喜欢他的。我看他是一个很可靠的人。你在东洋认得他好几年了，你说你很知道他的为人。但是，你年纪还轻，又没有阅历，你的眼力也许会错的。就是我们活了五六十岁的人，也还不敢相信自己的眼力。因为我不敢相信自己，所以我去问菩萨又去问算命的。菩萨说对不得，算命的也说对不得，这还会错吗？算命的说，你们的八字正是命书最忌的八字，叫做什么"猪配猴，不到头"，正因为你是巳年申时生的，他是——

田女　　你不要说了，妈，我不要听这些话。（双手遮着脸，带着哭声）我不爱听这些话！我知道爸爸不会同你一样主意。他一定不会。

田太太　我不管他打什么主意。我的女儿嫁人，总得我肯。（走到她女儿身边，用手巾替她揩眼泪）不要掉眼泪。我走开去，让你仔细想想。我们总是替你打算，总想你好。我去看午饭好了没有。你爸爸就要回来了。不要哭了，好孩子。（田太太从饭厅的门进去了。）

田女　　（揩着眼泪，抬起头来，看见李妈从外边进来，她用手招呼她走近些，低声说）李妈，我要你帮我的忙。我妈不准我嫁陈先生——

李妈　可惜，可惜！陈先生是一个很懂礼的君子人。今儿早晨，我在路上碰着他，他还点头招呼我咧。

田女　是的，他看见你带了算命先生来家，他怕我们的事有什么变卦，所以他立刻打电话到学堂去告诉我。我回来时，他在他的汽车里远远地跟在后面。这时候恐怕他还在这条街的口子上等候我的信息。你去告诉他，说我妈不许我们结婚。但是爸爸就回来了，他自然会帮我们。你叫他把汽车停到后面街上去等我的回信。你就去罢。（李妈转身将出去）回来！（李妈回转身来）你告诉他——你叫他——你叫他不要着急！（李妈微笑出去）

田女　（走到写字台边，翻开抽屉，偷看抽屉里的东西。伸出手表看道）爸爸应该回来了，快十二点了。

（田先生约摸五十岁的样子，从外面进来）

田女　（忙把抽屉盖了。站起来接她父亲）爸爸，你回来了！妈说，……妈有要紧话同你商量，——有很要紧的话。

田先生　什么要紧话？你先告诉我。

田女　妈会告诉你的。（走到饭厅边，喊道）妈，妈，爸爸回来了。

田先生　不知道你们又弄什么鬼了。（坐在一张靠椅上。田太太从饭厅那边过来。）亚梅说你有要紧话，——很要紧的话要同我商量。

田太太　是的，很要紧的话。（坐在左边椅子上）我说的是陈家的这门亲事。

田先生　不错，我这几天心里也在盘算这件事。

田太太　很好，我们都该盘算这件事了。这是亚梅的终身大事，我一想起这事如何重大，我就发愁，连饭都吃不下了，觉也睡不着了。那位陈先生我们虽然见过好几次，我心里总有点不放心。从前人家看女婿总不过偷看一面就完了。现在我们见面越多了，我们的责任更不容易担了。他家是很有钱的，但是有钱人家的子弟总是坏的多，好的少。他是一个外国留学生，但是许多留学生回来不久就把他们的原配的妻子休了。

田先生　你讲了这一大篇，究竟是什么主意？

田太太　我的主意是，我们替女儿办这件大事，不能相信自己的主意。我就不敢相信我自己。所以我昨儿到观音庵去问菩萨。

田先生　什么？你不是答应我不再去烧香拜佛了吗？

田太太　我是为了女儿的事去的。

田先生　哼！哼！算了罢。你说罢。

田太太　我去庵里求了一签。签诗上说，这门亲事是做不得的。我把签诗给你看。（要去开抽屉）

田先生　呸！呸！我不要看。我不相信这些东西！你说这是女儿的终身大事，你不敢相信自己，难道那泥塑木雕的菩萨就可相信吗？

田女　（高兴起来）我说爸爸是不信这些事的。（走近她父亲身边）谢谢你。我们应该相信自己的主意，可不是吗？

田太太　不单是菩萨这样说。

田先生　哦！还有谁呢？

田太太　我求了签诗，心里还不很放心，总还有点疑惑。所以我叫人去请城里顶有名的算命先生张瞎子来排八字。

田先生　哼！哼！你又忘记你答应我的话了。

田太太　我也知道。但是我为了女儿的大事，心里疑惑不定，没有主张，不得不去找他来决断决断。

田先生　谁叫你先去找菩萨惹起这点疑惑呢？你先就不该去问菩萨，——你该先来问我。

田太太　罪过，罪过，阿弥陀佛——那算命的说的话同菩萨说的一个样儿。这不是一桩奇事吗？

田先生　算了罢！算了罢！不要再胡说乱道了。你有眼睛，自己不肯用，反去请教那没有眼睛的瞎子，这不是笑话吗？

田女　爸爸，你这话一点也不错。我早就知道你是帮助我们的。

田太太　（怒向她女儿）亏你说得出，"帮助我们的"，谁是"你们"？"你们"是谁？你也不害羞！（用手巾蒙面哭了）你们一齐通同起来反对我，我女儿的终身大事，我做娘的管不得吗？

田先生　正因为这是女儿的终身大事，所以我们做父母的该格外小心，格外慎重。什么泥菩萨啦，什么算命合婚啦，都是骗人的，都不可相信。亚梅你说是不是？

田女　正是，正是。我早知道你决不会相信这些东西。

田先生　现在不许再讲那些迷信的话了。泥菩萨，瞎算命，一齐丢去！我们要正正经经地讨论这件事，（对田太太）不要哭了。（对田女士）你也坐下。

（田女士在沙发榻上坐下）

田先生　亚梅，我不愿意你同那姓陈的结婚。

田女　（惊慌）爸爸你是同我开玩笑，还是当真？

田先生　当真。这门亲事一定做不得的。我说这话，心里很难过，但是我不能不说。

田女　你莫非看出他有什么不好的地方？

田先生　没有。我很喜欢他。拣女婿拣中了他，再好也没有了，因此我心里更不好过。

田女　（摸不着头脑）你又不相信菩萨和算命？

田先生　决不，决不。

田太太与田女　（同时问）那么究竟为了什么呢？

田先生　好孩子，你出洋长久了，竟把中国的风俗规矩全都忘了。你连祖宗定下的祠规都不记得了。

田女　我同陈家结婚，犯了哪一条祠规？

田先生　我拿给你看。（站起来从饭厅边进去）

田太太　我意想不出什么。阿弥陀佛，这样也好，只要他不肯许就是了。

田女　（低头细想，忽然抬起头显出决心的神气）我知道怎么办了。

田先生　（捧着一大部族谱进来）你瞧，这是我们的族谱。（翻开书页，乱堆在桌上）你瞧，我们田家两千五百年的祖宗，可有一个姓田的和姓陈的结亲？

田女　为什么姓田的不能和姓陈的结婚呢？

田先生　因为中国的风俗不准同姓的结婚。

田女　我们并不同姓。他家姓陈我家姓田。

田先生　我们是同姓的。中国古时的人把陈字和田字读成一样的音。我们的姓有时写作田字，有时写作陈字，其实是一样的。你小时候读过《论语》吗？

田女　读过的，不大记得了。

田先生　《论语》上有个陈成子，旁的书上都写作田成子，便是这个道理。两千五百年前，姓陈的和姓田只是一家。后来年代久了，那写作田字的便认定姓田，写作陈字的便认定姓陈。外面看起来好像是两姓，其实是一家。所以两姓祠堂里都不准通婚。

田女　难道两千五百年前同姓的男女也不能通婚吗？

田先生　不能。

田女　爸爸，你是明白道理的人，一定不认这种没有道理的祠规。

田先生　我不认它也无用。社会承认它。那班老先生们承认它。你叫我怎么样呢？还不单是姓田的和姓陈的呢。我们衙门里有一位高先生告诉我说，他们那边姓高的祖上本是元朝末年明朝初年陈友谅的子孙，后来改姓高。他们因为六百年前姓陈所以不同姓陈的结亲；又因为两千五百年前姓陈的本又姓田，所以又不同姓田的结亲。

田女　这更没有道理了！

田先生　管他有理无理，这是祠堂里的规矩，我们犯了祠规就要革出祠堂。前几十年有一家姓田的在南边做生意，就把女儿嫁给姓陈的。后来那女的死了，陈家祠堂里的族长不准她进祠堂。她家花了多少钱，捐到祠堂里做罚款，还把"田"字当中那一直拉长了，上下都出了头，改成了"申"字，才许她进祠堂。

田女　那是很容易的事。我情愿把我的姓当中一直也拉长了改作"申"字。

田先生　说得好容易！你情愿，我不情愿咧！我不肯为了你的事连累我受那班老先生们的笑骂。

田女　（气得哭了）但是我们并不同姓！

田先生　我们族谱上说是同姓，那班老先生们也都说是同姓。我已经问过许多老先生了，他们都是这样说，你要知道，我们做爹娘的，办儿女的终身大事，虽然不该听泥菩萨瞎算命的话，但是那班老先生的话是不能不听的。

田女　（作哀告的样子）爸爸！——

田先生　你听我说完了。还有一层难处。要是你这位姓陈的朋友是没有钱的，倒也罢了，不幸他又是很有钱的人家。我要把你嫁了他，那班老先生们必定说我贪图他家有钱，所以连祖宗都不顾，就把女儿卖给他了。

田女　（绝望了）爸爸！你一生要打破迷信的风俗，到底还打不破迷信的祠规！这是我做梦也想不到的！

田先生　你恼我吗？这也难怪。你心里自然总有点不快活。你这种气头上的话，我决不怪你，——决不怪你。

李妈　（从左边门出来）午饭摆好了。

田先生　来，来，来。我们吃了饭再谈罢。我肚里饿得很了。（先走进饭厅去）

田太太　（走近她女儿）不要哭了。你要自己明白，我们都是想你好。忍住。我们吃饭去。

田女　我不要吃饭。

田太太　不要这样固执。我先去，你定一定心就来。我们等你咧。（也进饭厅去了。）

（李妈把门随手关上，自己站着不动。）

田女　（抬起头来，看见李妈）陈先生还在汽车里等着吗？

李妈　是的。这是他给你的信，用铅笔写的。（摸出一张纸，递与田女）

田女　（读信）"此事只关系我们两人，与别人无关，你该自己决断！"（重念末句）"你该自己决断！"是的，我该自己决断！（对李妈说）你进去告诉我爸爸和妈，叫他们先吃饭，不用等我。我要停一会再吃。（李妈点头自进去。田女士站起来，穿上大衣，在写字台上匆匆写了一张字条，压在桌上花瓶底下。她回头一望，匆匆从右边门出去了。略停了一会。）

田太太　（戏台里的声音）亚梅你快来吃饭，菜要冰冷了。（门里出来）你哪里去了？亚梅！

田先生　（戏台里）随她罢！她生了气了，让她平平气就会好了。（门里出来）

她出去了?

田太太　她穿了大衣出去了。怕是回学堂里去了。

田先生　（看见花瓶底下的字条。）这是什么？（取字条念道）"这是孩儿的终身大事。孩儿该自己决断。孩儿现在坐了陈先生的汽车去了。暂时告辞了。"

（田太太听了，身子往后一仰，坐倒在靠椅上。田先生冲向右边的门，到了门边，又回头一望，眼睁睁的显出迟疑不决的神气。）

（幕下来）（完）

（跋）

　　这出戏本是因为几个女学生要排演，我才把它译成中文的。后来因为这戏里的田女士跟人跑了，这几位女学生竟没有人敢扮演田女士。况且女学堂似乎不便演这种不很道德的戏！所以这稿子又回来了。我想这一层很是我这出戏的大缺点。我们常说要提倡写实主义。如今我这出戏竟没有人敢演，可见得一定不是写实的了。这种不合写实主义的戏，本来没有什么价值，只好送给我的朋友高一涵去填《新青年》的空白罢。

差不多先生传

原载于《申报》「平民周刊」第一期
一九二四年六月二十八日

你知道中国最有名的人是谁？

提起此人，人人皆晓，处处闻名。他姓差，名不多，是各省各县各村人氏。你一定见过他，一定听过别人谈起他。差不多先生的名字天天挂在大家的口头，因为他是中国全国人的代表。

差不多先生的相貌和你和我都差不多。他有一双眼睛，但看得不很清楚；有两只耳朵，但听得不很分明；有鼻子和嘴，但他对于气味和口味都不很讲究。他的脑子也不小，但他的记性却不很精明，他的思想也不很细密。

他常常说："凡事只要差不多，就好了。何必太精明呢？"

他小的时候，他妈叫他去买红糖，他买了白糖回来。他妈骂他，他摇摇头说："红糖白糖不是差不多吗？"

他在学堂的时候，先生问他："直隶省的西边是哪一省？"他说是陕西。先生说："错了。是山西，不是陕西。"他说："陕西同山西，不是差不多吗？"

后来他在一个钱铺里做伙计；他也会写，也会算，只是总不会精细。十字常常写成千字，千字常常写成十字。掌柜的生气了，常常骂他。他只是笑嘻嘻地赔小心道："千字比十字只多一小撇，不是差不多吗？"

有一天，他为了一件要紧的事，要搭火车到上海去。他从从容容地走到火车站，迟了两分钟，火车已开走了。他白瞪着眼，望着远远的火车上的煤烟，摇摇头道："只好明天再走了，今天走同明天走，也还差不多。可是火车公司未免太认真了。八点三十分开，同八点三十二分开，不是差不多吗？"他一面说，一面慢慢地走回家，心里总不明白为什么火车不肯等他两分钟。

有一天，他忽然得了急病，赶快叫家人去请东街的汪医生。那家人急急忙忙地跑去，一时寻不着东街的汪大夫，却把西街牛医王大夫请来了。差不多先生病在床上，知道寻错了人；但病急了，身上痛苦，心里焦急，等不得了，心里想道："好在王大夫同汪大夫也差不多……让他试试看吧。"于是这位牛医王大夫走近床前，用医牛的法子给差不多先生治病。不上一点钟，差不多先生就一命呜呼了。

差不多先生差不多要死的时候，一口气断断续续地说道："活人同死人也差……差……差不多，凡事只要……差……差……不多……就……好了，何……何……必……太……太认真呢？"他说完了这句格言，方才绝气了。

他死后，大家都很称赞差不多先生样样事情看得破，想得通；大家都说他一生不肯认真，不肯算账，不肯计较，真是一位有德行的人。于是大家给他取个死后的法号，叫他做圆通大师。

他的名誉越传越远，越久越大。无数无数的人都学他的榜样。于是人人都成了一个差不多先生。——然而中国从此就成为一个懒人国了。

《尝试集》节选

蝴　蝶

两个黄蝴蝶，双双飞上天。
不知为什么，一个忽飞还。
剩下那一个，孤单怪可怜，
也无心上天，天上太孤单。

五年八月二十三日

他

思祖国也。

你心里爱他，莫说不爱他。
要看你爱他，且等人害他。
倘有人害他，你如何对他？
倘有人爱他，更如何待他？

五年九月六日

沁园春 （二十五岁生日自寿）

五年十二月十七日，是我二十五岁的生日。独坐江楼，回想这几年思想的变迁，又念不久即当归去，因作此词，并非自寿，只可算是一种自誓。

弃我去者，二十五年，不可重来。看江明雪霁，吾当寿我，且须高咏，不用衔杯。种种从前，都成今我，莫更思量更莫哀。从今后，要那么收果，先那么栽。

忽然异想天开，似天上诸仙采药回。有丹能却老，鞭能缩地，芝能点石，触处金堆。我笑诸仙，诸仙笑我。敬谢诸仙我不才，葫芦里，也有些微物，试与君猜。

朋友篇 （寄怡荪、经农，将归诗之一）

粗饭还可饱，破衣不算丑。人生无好友，如身无足手。吾生所交游，益我皆最厚。少年恨污俗，反与污俗偶。自视六尺躯，不值一杯酒。倘非朋友力，吾醉死已久。从此谢诸友，立身重抖擞。去国今七年，此意未敢负。新交遍天下，难细数谁某。所最敬爱者，也有七八九。学理互分剖，过失赖弹纠。清夜每自思，此身非吾有：一半属父母，一半属朋友。便即此一念，足鞭策吾后。今当重归来，为国效奔走。可怜程（乐亭）郑（仲诚）张（希古），少年骨已朽。作歌谢吾友，泉下人知否？

六年六月一日

梦与诗

都是平常经验，

都是平常影象，

偶然涌到梦中来，

变幻出多少新奇花样！

都是平常情感，

都是平常言事，

偶然碰着个诗人，

变幻出多少新奇诗句！

醉过才知酒浓,

爱过才知情重；——

你不能做我的诗,

正如我不能做你的梦。

（自跋）这是我的"诗的经验主义"（Poetic empiricism）。简单一句话：做梦尚且要经验做底子，何况做诗？现在人的大毛病就在爱做没有经验做底子的诗。北京一位新诗人说"棒子面一根一根的往嘴里送"；上海一位诗学大家说"昨日蚕一眠，今日蚕二眠，明日蚕三眠，蚕眠人不眠！"吃面养蚕何尝不是世间最容易的事？但没有这种经验的人，连吃面养蚕都不配说。——何况做诗？

九，一〇，一〇

希　望

我从山中来，

带得兰花草，

种在小园中，

希望开花好。

一日望三回，

望到花时过；

急坏看花人，

苞也无一个。

眼见秋天到，

移花供在家；

明年春风回，

祝汝满盆花！

十，十，四

文学改良刍议

原载《新青年》第二卷第五号

一九一七年一月一日

今之谈文学改良者众矣,记者末学不文,何足以言此?然年来颇于此事再四研思,辅以友朋辩论,其结果所得,颇不无讨论之价值。因综括所怀见解,列为八事,分别言之,以与当世之留意文学改良者一研究之。

吾以为今日而言文学改良,须从八事入手。八事者何?

一曰,须言之有物。

二曰,不摹仿古人。

三曰,须讲求文法。

四曰,不作无病之呻吟。

五曰,务去滥调套语。

六曰,不用典。

七曰,不讲对仗。

八曰,不避俗字俗语。

一曰须言之有物

吾国近世文学之大病，在于言之无物。今人徒知"言之无文，行之不远"，而不知言之无物，又何用文为乎？吾所谓"物"，非古人所谓"文以载道"之说也。吾所谓"物"，约有二事：

（一）情感。《诗序》曰，"情动于中而形诸言。言之不足，故嗟叹之。嗟叹之不足，故咏歌之。咏歌之不足，不知手之舞之，足之蹈之也。"此吾所谓情感也。情感者，文学之灵魂。文学而无情感，如人之无魂，木偶而已，行尸走肉而已（今人所谓"美感"者，亦情感之一也）。

（二）思想。吾所谓"思想"，盖兼见地、识力、理想三者而言之。思想不必皆赖文学而传，而文学以有思想而益贵；思想亦以有文学的价值而益贵也：此庄周之文，渊明、老杜之诗，稼轩之词，施耐庵之小说，所以夐绝千古也。思想之在文学，犹脑筋之在人身。人不能思想，则虽面目姣好，虽能笑啼感觉，亦何足取哉？文学亦犹是耳。

文学无此二物，便如无灵魂无脑筋之美人，虽有秾丽富厚之外观，抑亦未矣。近世文人沾沾于声调字句之间，既无高远之思想，又无真挚之情感，文学之衰微，此其大因矣。此文胜之害，所谓言之无物者是也。欲救此弊，宜以质救之。质者何？情与思二者而已。

二曰不摹仿古人

文学者，随时代而变迁者也。一时代有一时代之文学：周秦有周秦之文学，汉魏有汉魏之文学，唐宋元明有唐宋元明之文学。此非吾一人之私言，乃文明进化之公理也。即以文论，有《尚书》之文，有先秦、诸子之文，有司马迁、班固之文，有韩、柳、欧、苏之文，有语录之文，有施耐庵、曹雪芹之文：此文之进化也。试更以韵文言之：《击壤》之歌，《五子》之歌，一时期也；《三百篇》之诗，一时期也；屈原、荀卿之骚赋，又一时期也；苏李以下，至于魏晋，又一时期也；江左之诗流为排比，至唐而律诗大成，此又一时期也；老杜、香山之"写实"体诸诗（如杜之《石壕吏》、《羌村》，白之《新乐府》），又一时期也；诗至唐而极盛，自此以后，词曲代兴，唐五代及宋初之小令，此词之一时代也；苏、柳（永）、辛、姜之词，又一时代也；至于元之杂剧传奇，则又一时代矣；凡此诸时代，各因时势风会而变，各有其特长，吾辈以历史进化之眼光观之，决不可谓古人之文学皆胜于今人也。左氏、史公之文奇矣，然施耐庵之《水浒传》视《左传》、《史记》何多让焉？《三都》、《两京》之赋富矣，然以视唐诗、宋词，则糟粕耳。此可见文学因时进化，不能自止。唐人不当作商周之诗，宋人不当作相如、子云之赋——即令作之，亦必不工。逆天背时，违进化之迹，故不能工也。

既明文学进化之理，然后可言吾所谓"不摹仿古人"之说。今日之中国，当造今日之文学，不必摹仿唐宋，亦不必摹仿周秦也。前见"国会开幕词"，有云："于铄国会，遵晦时休。"此在今日而欲为三代以上之文之一证也。更观今之"文学大家"，文则下规姚曾，上师韩欧，更上则取法秦汉魏晋，以为六朝以下无文学可言，此皆百步与五十步之别而已，而皆为文学下乘。即令神似古人，亦不过为博物院中添几许"逼真赝鼎"而已，文学云乎哉！昨见陈伯严先生一诗云：

涛园抄杜句，半岁秃千毫。所得都成泪，相过问奏刀。
万灵噤不下，此老仰弥高。胸腹回滋味，徐看薄命骚。

此大足代表今日"第一流诗人"摹仿古人之心理也。其病根所在，在于以"半岁秃千毫"之工夫作古人的抄胥奴婢，故有"此老仰弥高"之叹。若能洒脱此种奴性，不作古人的诗，而惟作我自己的诗，则决不致如此失败矣！

吾每谓今日之文学，其足与世界"第一流"文学比较而无愧色者，独有白话小说（我佛山人、南亭亭长、洪都百炼生，三人而已）一项。此无他故，以此种小说皆不事摹仿古人（三人皆得力于《儒林外史》、《水浒》、《石头记》。然非摹仿之作也），而惟实写今日社会之情状，故能成真正文学。其他学这个，学那个之诗古文家，皆无文学之价值也。今之有志文学者，宜知所从事矣。

三曰须讲求文法

今之作文作诗者,每不讲求文法之结构。其例至繁,不便举之,尤以作骈文律诗者为尤甚。夫不讲文法,是谓"不通"。此理至明,无待详论。

四曰不作无病之呻吟

此殊未易言也。今之少年往往作悲观,其取别号则曰"寒灰"、"无生"、"死灰";其作为诗文,则对落日而思暮年,对秋风而思零落,春来则惟恐其速去,花发又惟惧其早谢。此亡国之哀音也,老年人为之犹不可,况少年乎?其流弊所至,遂养成一种暮气,不思奋发有为,服劳报国,但知发牢骚之音,感唱之文。作者将以促其寿年,读者将亦短其志气,此吾所谓无病之呻吟也。国之多患,吾岂不知之?然病国危时,岂痛哭流涕所能收效乎?吾惟愿今之文学家做费舒特(Fichte),做玛志尼(Mazzini),而不愿其为贾生、王粲、屈原、谢皋羽也。其不能为贾生、王粲、屈原、谢皋羽,而徒为妇人醇酒丧气失意之诗文者,尤卑卑不足道矣!

五曰务去滥调套语

今之学者,胸中记得几个文学的套语,便称诗人。其所为诗文处处是陈言滥调,"蹉跎","身世","寥落","飘零","虫沙","寒窗","斜阳","芳草","春闺","愁魂","归梦","鹃啼","孤影","雁字","玉楼","锦字","残更"……之类,累累不绝,最可憎厌。其流弊所至,遂令国中生出许多似是而非,貌似而实非之诗文。今试举一例以证之:

荧荧夜灯如豆,映幢幢孤影,凌乱无据。翡翠衾寒,鸳鸯瓦冷,禁得秋宵几度？幺弦漫语，早丁字帘前，繁霜飞舞。袅袅余音，片时犹绕柱。

此词骤观之，觉字字句句皆词也，其实仅一大堆陈套语耳。"翡翠衾"，"鸳鸯瓦"，用之白香山《长恨歌》则可，以其所言乃帝王之衾之瓦也。"丁字帘"，"幺弦"，皆套语也。此词在美国所作，其夜灯决不"荧荧如豆"，其居室尤无"柱"可绕也。至于"繁霜飞舞"，则更不成话矣。谁曾见繁霜之"飞舞"耶？

吾所谓务去滥调套语者，别无他法，惟在人人以其耳目所亲见亲闻、所亲身阅历之事物，——自己铸词以形容描写之；但求其不失真，但求能达其状物写意之目的，即是工夫。其用滥调套语者，皆懒惰不肯自己铸词状物者也。

六曰不用典

吾所主张八事之中，惟此一条最受朋友攻击，盖以此条最易误会也。吾友江亢虎君来书曰：

> 所谓典者，亦有广狭二义。饾饤獭祭，古人早悬为厉禁；若并成语故事而屏之，则非惟文字之品格全失，即文字之作用亦亡。……文字最妙之意味，在用字简而涵义多。此断非用典不为功。不用典不特不可作诗，并不可写信，且不可演说。来函满纸"旧雨"，"虚怀"，"治头治脚"，"舍本逐末"，"洪水猛兽"，"发聋振聩"，"负弩先驱"，"心悦诚服"，"词坛"，"退避三舍"，"滔天"，"利器"，"铁证"……皆典也。试尽抉而去之，代以俚语俚字，将成何说话？其用字之繁简，犹其细焉。恐一易他词，虽加倍蓰而涵义仍终不能如是恰到好处，奈何？……

此论极中肯要。今依江君之言，分典为广狭二义，分论之如下：

（一）广义之典非吾所谓典也。广义之典约有五种：

（甲）古人所设譬喻，其取譬之事物，含有普通意义，不以时代而失其效用者，今人亦可用之。如古人言"以子之矛，攻子之盾"，今人虽不读书者，亦知用"自相矛盾"之喻，然不可谓为用典也。上文所举例中之"治头治脚"，"洪水猛兽"，"发聋振聩"……皆此类也。盖设譬取喻，贵能切当；若能切当，固无古今之别也。若"负弩先驱"，"退避三舍"之类，在今日已非通行之事物，在文人相与之间，或可用之，然终以不用为上。如言"退避"，千里亦可，百里亦可，不必定用"三舍"之典也。

（乙）成语。成语者，合字成辞，别为意义。其习见之句，通行已久，不妨用之。然今日若能另铸"成语"，亦无不可也。"利器"，"虚怀"，"舍本逐末"……皆属此类。此非"典"也，乃日用之字耳。

（丙）引史事。引史事与今所论议之事相比较，不可谓为用典也。如老杜诗云，"未闻殷周衰，中自诛褒妲"，此非用典也。近人诗云，"所以曹孟德，犹以汉相终"，此亦非用典也。

（丁）引古人作比。此亦非用典也。杜诗云，"清新庾开府，俊逸鲍参军"，此乃以古人比今人，非用典也。又云，"伯仲之间见伊吕，指挥若定失萧曹"，此亦非用典也。

（戊）引古人之语。此亦非用典也。吾尝有句云，"我闻古人言，艰难唯一死"。又云，"尝试成功自古无，放翁此语未必是"。此乃引语，非用典也。

以上五种为广义之典，其实非吾所谓典也。若此者可用可不用。

（二）狭义之典，吾所主张不用者也。吾所谓用"典"者，谓文人词客不能自己铸词造句，以写眼前之景，胸中之意，故借用或不全切，或全不切之故事陈言以代之，以图含混过去，是谓"用典"。上所述广义之典，除戊条外，皆为取譬比方之辞。但以彼喻此，而非以彼代此也。狭义之用典，则全为以典代言，自己不能直言之，故用典以言之耳。此吾所谓用典与非用典之别也。狭义之典亦有工拙之别，其工者偶一用之，未为不可，其拙者则当痛绝之。

（子）用典之工者。此江君所谓用字简而涵义多者也。客中无书不能多举其例，但杂举一二，以实吾言：

（1）东坡所藏"仇池石"，王晋卿以诗借观，意在于夺。东坡不敢不借，先以诗寄之，有句云，"欲留嗟赵弱，宁许负秦曲。传观慎勿许，间道归应速。"此用蔺相如返璧之典，何其工切也！

（2）东坡又有"章质夫送酒六壶，书至而酒不达。"诗云，"岂意青州六从事，化为乌有一先生"。此虽工已近于纤巧矣。

（3）吾十年前尝有《读〈十字军英雄记〉》一诗云，"岂有酖人羊叔予，焉知微服赵主父，十字军真儿戏耳，独此两人可千古"。以两典包尽全书，当时颇沾沾自喜，其实此种诗，尽可不作也。

（4）江亢虎代华侨诔陈英士文有"本悬太白，先坏长城。世无鉏麑，乃戕赵卿"四句，余极喜之。所用赵宣子一典，甚工切也。

（5）王国维咏史诗，有"虎狼在堂室，徒戎复何补？神州遂陆沉，百年委榛莽。寄语桓元子，莫罪王夷甫。"此亦可谓使事之工者矣。

上述诸例，皆以典代言，其妙处，终在不失设譬比方之原意；惟为文体所限，故譬喻变而为称代耳。用典之弊，在于使人失其所欲譬喻之原意。若反客为主，使读者迷于使事用典之繁，而转忘其所为设譬之事物，则为拙矣。古人虽作百韵长诗，其所用典不出一二事而已（《北征》与白香山《悟真寺诗》皆不用一典），今人作长律则非典不能下笔矣。尝见一诗八十四韵，而用典至百余事，宜其不能工也。

（丑）用典之拙者。用典之拙者，大抵皆懒惰之人，不知造词，故以此为躲懒藏拙之计。惟其不能造词，故亦不能用典也。总计拙典亦有数类：

（1）比例泛而不切，可做几种解释，无确定之根据。今取王渔洋《秋柳》一章证之：

娟娟凉露欲为霜，万缕千条拂玉塘。
浦里青荷中妇镜，江干黄竹女儿箱。
空怜板渚隋堤水，不见琅琊大道王。
若过洛阳风景地，含情重问永丰坊。

此诗中所用诸典无不可做几样说法者。

（2）僻典使人不解。夫文学所以达意抒情也。若必求人人能读五车之书，然后能通其文，则此种文可不作矣。

（3）刻削古典成语，不合文法。"指兄弟以孔怀，称在位以曾是"（章太炎语），是其例也。今人言"为人作嫁"亦不通。

（4）用典而失其原意。如某君写山高与天接之状，而曰"西接杞天倾"是也。

（5）古事之实有所指，不可移用者，今往乱用做普通事实。如古人灞桥折柳，以送行者，本是一种特别土风。阳关、渭城亦皆实有所指。今之懒人不能状别离之情，于是虽身在滇越，亦言灞桥；虽不解阳关、渭城为何物，亦皆言"阳关三叠"，"渭城离歌"。又如，张翰因秋风起而思故乡之莼羹鲈脍，今则虽非吴人，不知莼鲈为何味者，亦皆自称有"莼鲈之思"。此则不仅懒不可救，直是自欺欺人耳！

凡此种种，皆文人之下下工夫，一受其毒，便不可救。此吾所以有"不用典"之说也。

七曰不讲对仗

排偶乃人类言语之一种特性，故虽古代文字，如老子、孔子之文，亦间有骈句。如"道可道，非常道；名可名，非常名。无名天地之始，有名万物之母。故常无，欲以观其妙；常有，欲以观其微。"此三排句也。"食无求饱，居无求安。""贫而无谄，富无而骄。""尔爱其羊，我爱其礼。"——此皆排句也。然此皆近于语言之自然，而无牵强刻削之迹；尤未有定其字之多寡，声之平仄，词之虚实者也。至于后世文学末流，言之无物，乃以文胜；文胜之极，而骈文律诗兴焉，而长律兴焉。骈文律诗之中非无佳作，然佳作终鲜。所以然者何？岂不以其束缚人之自由过甚之故耶？（长律之中，上下古今，无一首佳作可言也。）今日而言文学改良，当"先立乎其大者"，不当枉废有用之精力于微细纤巧之末：此吾所以有废骈废律之说也。即不能废此两者，亦但当视为文学末技而已，非讲求之急务也。

今人犹有鄙夷白话小说为文学小道者，不知施耐庵、曹雪芹、吴趼人皆文学正宗，而骈文律诗乃真小道耳。吾知必有闻此言而却走者矣。

八曰不避俗语俗字

吾惟以施耐庵、曹雪芹、吴趼人为文学正宗，故有"不避俗字俗语"之论也（参看上文第二条下）。盖吾国言文之背驰久矣。自佛书之输入，译者以文言不足以达意，故以浅近之文译之，其体已近白话。其后佛氏讲义语录尤多用白话为之者，是为语录体之原始。及宋人讲学以白话为语录，此体遂成讲学正体（明人因之）。当是时，白话已久入韵文，观唐宋人白话之诗词可见也。及至元时，中国北部已在异族之下，三百余年矣（辽、金、元）。此三百年中，中国乃发生一种通俗行远之文学。文则有《水浒》、《西游》、《三国》之类，戏曲则尤不可胜计（关汉卿诸人，人各著剧数十种之多。吾国文人著作之富，未有过于此时者也。）以今世眼光观之，则中国文学当以元代为最盛，可传世不朽之作，当以元代为最多，此可无疑也。当是时，中国之文学最近言文合一，白话几成文学的语言矣。使此趋势不受阻遏，则中国乃有"活文学出现"，而但丁、路得之伟业（欧洲中古时，各国皆有俚语，而以拉丁文为文言，凡著作书籍皆用之，如吾国之以文言著书也。其后意大利有但丁（Dante）诸文豪，始以其国俚语著作。诸国踵兴，国语亦代起。路得（Luther）创新教始以德文译《旧约》、《新约》，遂开德文学之先。英法诸国亦复如是。今世通用之英文新旧约乃一六一一年译本，距今才三百年耳。故今日欧洲诸国之文学，在当日皆为俚语。迨诸文豪兴，始以"活文学"代拉丁之死文学；有活文学而后有言文合一之国语也。），几发生于神州。不意此趋势骤为明代所阻，政府既以八股取士，而当时文人如何李七子之徒，又争以复古为高，于是此千年难遇言文合一之机会，遂中道夭折矣。然以今世历史进化的眼光观之，则白话文学之为中国文学之正宗，又为将来文学必用之利器，可断言也（此"断言"乃自作者言之，赞成此说者今日未必甚多也）。以此之故，吾主张今日作文作诗，宜采用俗语俗字。与其用三千年前之死字（如"于铄国会，遵晦时休"之类），不如用二十世纪之活字；与其作不能行远不能普及之秦汉六朝文字，不如作家喻户晓之《水浒》、《西游》文字也。

结　论

　　上述八事，乃吾年来研思此一大问题之结果。远在异国，既无读书之暇晷，又不得就国中先生长者质疑问难，其所主张容有矫枉过正之处。然此八事皆文学上根本问题，一一有研究之价值。故草成此论，以为海内外留心此问题者作一草案。谓之刍议，犹云未定草也，伏惟国人同志有以匡纠是正之。

民国六年，一月

建设的文学革命论：国语的文学——文学的国语

原载《新青年》第四卷第四号
一九一八年四月十五日

一

我的《文学改良刍议》发表以来，已有一年多了。这十几个月之中，这个问题居然引起了许多很有价值的讨论，居然受了许多很可使人乐观的响应。我想我们提倡文学革命的人，固然不能不从破坏一方面下手。但是我们仔细看来，现在的旧派文学实在不值得一驳。什么桐城派的古文啦，《文选》派的文学啦，江西派的诗啦，梦窗派的词啦，《聊斋志异》派的小说啦——都没有破坏的价值。它们所以还能存在国中，正因为现在还没有一种真有价值、真有生气、真可算作文学的新文学起来代它们的位置。有了这种"真文学"和"活文学"，那些"假文学"和"死文学"，自然会消灭了。所以我望我们提倡文学革命的人，对于那些腐败文学，个个都该存一个"彼可取而代也"的心理，个个都该从建设一方面用力，要在三五十年内替中国创造出一派新中国的活文学。

我现在作这篇文章的宗旨，在于贡献我对于建设新文学的意见。我且先把我从前所主张破坏的八事引来作参考的资料：

一，不作"言之无物"的文字。

二，不作"无病呻吟"的文字。

三，不用典。

四，不用套语烂调。

五，不重对偶——文须废骈，诗须废律。

六，不作不合文法的文字。

七，不摹仿古人。

八，不避俗话俗字。

这是我的"八不主义"，是单从消极的，破坏的一方面着想的。

自从去年归国以后，我在各处演说文学革命，便把这"八不主义"都改作了肯定的口气，又总括作四条，如下：

一，要有话说，方才说话。这是"不作言之无物的文字"一条的变相。

二，有什么话，说什么话；话怎么说，就怎么说。这是二、三、四、五、六诸条的变相。

三，要说我自己的话，别说别人的话。这是"不摹仿古人"一条的变相。

四，是什么时代的人，说什么时代的话。这是"不避俗话俗字"的变相。

这是一半消极，一半积极的主张。一笔表过，且说正文。

二

我的《建设新文学论》的唯一宗旨只有十个大字："国语的文学，文学的国语"。我们所提倡的文学革命，只是要替中国创造一种国语的文学。有了国语的文学，方才可有文学的国语。有了文学的国语，我们的国语才可算得真正国语。国语没有文学，便没有生命，便没有价值，便不能成立，便不能发达。这是我这一篇文字的大旨。

我曾仔细研究：中国这二千年何以没有真有价值真有生命的"文言的文学"？我自己回答道："这都因为这二千年的文人所作的文学都是死的，都是用已经死了的语言文字做的。死文字决不能产出活文学。所以中国这二千年只有些死文学，只有些没有价值的死文学。"

我们为什么爱读《木兰辞》和《孔雀东南飞》呢？因为这两首诗是用白话作的。为什么爱读陶渊明的诗和李后主的词呢？因为他们的诗词是用白话作的。为什么爱杜甫的《石壕吏》、《兵车行》诸诗呢？因为它们都是用白话做的。为什么不爱韩愈的《南山》呢？因为他用的是死字死话。……简单说来，自从《三百篇》到于今，中国的文学凡是有一些价值，有一些儿生命的，都是白话的或是近于白话的。其余的都是没有生气的古董，都是博物院中的陈列品！

再看近世的文学：何以《水浒传》、《西游记》、《儒林外史》、《红楼梦》可以称为"活文学"呢？因为它们都是用一种活文字作的。若是施耐庵、吴承恩、吴敬梓、曹雪芹，都用了文言作书，他们的小说一定不会有这样生命，一定不会有这样价值。

读者不要误会，我并不曾说凡是用白话作的书都是有价值、有生命的。我说的是：用死了的文言决不能作出有生命有价值的文学来。这一千多年的文学，凡是有真正文学价值的，没有一种不带有白话的性质，没有一种不靠这个"白话性质"的帮助。换言之：白话能产出有价值的文学，也能产出没有价值的文学；可以产出《儒林外史》，也可以产出《肉蒲团》。但是那已死的文言只能产出没有价值、没有生命的文学，决不能产出有价值、有生命的文学；只能作几篇《拟韩退之〈原道〉》或《拟陆士衡〈拟古〉》，决不能作出一部《儒林外史》。若有人不信这话，可先读明朝古文大家宋濂的《王冕传》，再读《儒林外史》第一回的"王冕传"，便可知道死文学和活文学的分别了。

为什么死文字不能产生活文学呢？这都由于文学的性质。一切语言文字的作用在于达意表情；达意达得妙，表情表得好，便是文学。那些用死文言的人，有了意思，却须把这意思翻成几千年前的典故；有了感情，却须把这感情译为几千年前的文言。明明是客子思家，他们须说"王粲登楼"、"仲宣作赋"；明明是送别，他们却须说"《阳关》三叠"、"一曲《渭城》"；明明是贺陈宝琛七十岁生日，他们却须说是贺伊尹、周公、傅说。更可笑的：明明是乡下老太婆说话，他们却要叫她打起唐宋八家的古文腔儿；明明是极下流的妓女说话，他们却要她打起胡天游、洪亮吉的骈文调子！……请问这样作文章，如何能达意表情呢？既不能达意，既不能表情，哪里还有文学呢？即如那《儒林外史》里的王冕，是一个有感情、有血气、能生动、能谈笑的活人。这都因为作书的人能用活言语活文字来描写他的生活神情。那宋濂集子里的王冕，便成了一个没有生气，不能动人的死人。为什么呢？因为宋濂用了二千年前的死文字来写二千年后的活人；所以不能不把这个活人变作二千年前的木偶，才可合那古文家法。古文家法是合了，那王冕也真"作古"了！

因此我说，"死文言决不能产出活文学"。中国若想有活文学，必须用白话，必须用国语，必须作国语的文学。

三

上节所说，是从文学一方面着想，若要活文学，必须用国语。如今且说从国语一方面着想，国语的文学有何等重要。

有些人说："若要用国语作文学，总须先有国语。如今没有标准的国语，如何能有国语的文学？"我说，这话似乎有理，其实不然。国语不是单靠几位言语学的专门家就能造得成的；也不是单靠几本国语教科书和几部国语字典，就能造成的。若要造国语，先须造国语的文学。有了国语的文学，自然有国语。这话初听了似乎不通。但是列位仔细想想便可明白了。天下的人谁肯从国语教科书和国语字典里面学习国语？所以国语教科书和国语字典，虽是很要紧，决不是造国语的利器。真正有功效有势力的国语教科书，便是国语的文学，便是国语的小说，诗文，戏本。国语的小说，诗文，戏本通行之日，便是中国国语成立之时。试问我们今日居然能拿起笔来作几篇白话文章，居然能写得出好几百个白话的字，可是从什么白话教科书上学来的吗？可不是从《水浒传》、《西游记》、《红楼梦》、《儒林外史》等书学来的吗？这些白话文学的势力，比什么字典教科书都还大几百倍。《字典》说"这"字该读"鱼彦反"，我们偏读它做"者个"的者字。《字典》说"么"字是"细小"，我们偏把它用作"什么"、"那么"

的"么"字。字典说"没"字是"沉也"、"尽也",我们偏用它做"无有"的"无"字解。《字典》说"的"字有许多意义,我们偏把它用来代文言的"之"字,"者"字,"所"字和"徐徐尔,纵纵尔"的"尔"字。……总而言之,我们今日所用的"标准白话",都是这几部白话的文学定下来的。我们今日要想重新规定一种"标准国语",还须先造无数国语的《水浒传》、《西游记》、《儒林外史》、《红楼梦》。

所以我以为我们提倡新文学的人,尽可不必问今日中国有无标准国语。我们尽可努力去作白话的文学。我们可尽量采用《水浒传》、《西游记》、《儒林外史》、《红楼梦》的白话;有不合今日的用的,便不用它;有不够用的,便用今日的白话来补助;有不得不用文言的,便用文言来补助。这样做去,决不愁语言文字不够用,也决不用愁没有标准白话。中国将来的新文学用的白话,就是将来中国的标准国语。造中国将来白话文学的人,就是制定标准国语的人。

我这种议论并不是"向壁虚造"的。我这几年来研究欧洲各国国语的历史,没有一种国语不是这样造成的。没有 种国语是教育部的老爷们造成的。没有一种是言语学专门家造成的。没有一种不是文学家造成的。我且举几条例为证:

一、意大利。五百年前,欧洲各国但有方言,没有"国语"。欧洲最早的国语是意大利文。那时欧洲各国的人多用拉丁文著书通信。到了十四世纪的初年,意大利的大文学家但丁(Dante)极力主张用意大利话来代拉丁文。他说拉丁文是已死了的文字,不如他本国俗话的优美。所以他自己的杰作《喜剧》,全用脱斯堪尼(Tuscany,意大利北部的一邦)的俗话。这部《喜剧》,风行一世,人都称它作"神圣喜剧"。那"神圣喜剧"的白话后来便成了意大利的标准国语。后来的文学家包卡嘉(Boccacio,1313—1375)和洛伦查(Lorenzo de Medici)诸人也都用白话作文学。所以不到一百年,意大利的国语便完全成立了。

二、英国。英伦虽只是一个小岛国,却有无数方言。现在通行全世界的"英文",在五百年前还只是伦敦附近一带的方言,叫做"中部土话"。当十四世纪时,各处的方言都有些人用来作书。后来到了十四世纪的末年,出了两位大文学家,一个是赵叟(Chaucer,1340—1400)一个是威克列夫(Wycliff,1320—1384)。赵叟作了许多诗歌,散文都用这"中部土话"。威克列夫把耶教的《旧约》、《新约》也都译成"中部土话"。有了这两个人的文学,便把这"中部土话"变成英国的标准国语。后来到了十五世纪,印刷术输进英国，所印的书多用这"中部土语"，国语的标准更确定了。到十六、十七两世纪，萧士比亚和"伊里沙白时代"的无数文学大家，都用国语创造文学。从此以后，这一部分的"中部土话"，不但成了英国的标准国语，几乎竟成了全地球的世界语了！

此外，法国、德国及其他各国的国语，大都是这样发生的，大都是靠着文学的力量才能变成标准的国语的。我也不去一一的细说了。

意大利国语成立的历史，最可供我们中国人的研究。为什么呢？因为欧洲西部北部的新国，如英吉利、法兰西、德意志，他们的方言和拉丁文相差太远了，所以他们渐渐地用国语著作文学，还不算希奇。只有意大利是当年罗马帝国的京畿近地，在拉丁文的故乡，各处的方言又和拉丁文最近。在意大利提倡用白话代拉丁文，真正和在中国提倡用白话代汉文，有同样的艰难。所以英、法、德各国语，一经文学发达以后，便不知不觉地成为国语了。在意大利却不然。当时反对的人很多，所以那时的新文学家，一方面努力创造国语的文学，一方面还要作文章鼓吹何以当废古文，何以不可不用白话。有了这种有意的主张（最有力的是但丁（Dante）和阿儿白狄（Alberti）两个人），又有了那些有价值的文学，才可造出意大利的"文学的国语"。

我常问我自己道："自从施耐庵以来，很有了些极风行的白话文学，何以中国至今还不曾有一种标准的国语呢？"我想来想去，只有一个答案。这一千年来，中国固然有了一些有价值的白话文学，但是没有一个人出来明目张胆地主张用白话为中国的"文学的国语"。有时陆放翁高兴了，便作一首白话诗；有时柳耆卿高兴了，便作一首白话词；有时朱晦庵高兴了，便写几封白话信，作几条白话札记；有时施耐庵、吴敬梓高兴了，便作一两部白话的小说。这都是不知不觉的自然出产品，并非是有意的主张。因为没有"有意的主张"，所以作白话的只管作白话，作古文的只管作古文，作八股的只管作八股。因为没有"有意的主张"，所以白话文学从不曾和那些"死文学"争那"文学正宗"的位置。白话文学不成为文学正宗，故白话不曾成为标准国语。

我们今日提倡国语的文学，是有意的主张。要使国语成为"文学的国语"。有了文学的国语，方有标准的国语。

四

上文所说:"国语的文学,文学的国语",乃是我们的根本主张。如今且说要实行做到这个根本主张,应该怎样进行。

我以为创造新文学的进行次序,约有三步:(一)工具,(二)方法,(三)创造。前两步是预备,第三步才是实行创造新文学。

(一)工具。古人说得好:"工欲善其事,必先利其器",写字的要笔好,杀猪的要刀快。我们要创造新文学,也须先预备下创造新文学的"工具"。我们的工具就是白话。我们有志造国语文学的人,应该赶紧筹备这个万不可少的工具。预备的方法,约有两种:

(甲)多读模范的白话文学。例如《水浒传》、《西游记》、《儒林外史》、《红楼梦》;宋儒语录,白话信札;元人戏曲,明清传奇的说白。唐宋的白话诗词,也该选读。

(乙)用白话作各种文学。我们有志造新文学的人,都该发誓不用文言作文:无论通信,作诗,译书,做笔记,作报馆文章,编学堂讲义,替死人作墓志,替活人上条陈……都该用白话来作。我们从小到如今,都是用文言作文,养成了一种文言的习惯,所以虽是活人,只会作死人的文字。若不下一些狠劲,若不用点苦工夫,决不能使用白话圆转如意。若单在《新青年》里面作白话文字,此外还依旧作文言的文字,那真是"一日暴之,十日寒之"的政策,决不能磨练成白话的文学家。

不但我们提倡白话文学的人应该如此做去,就是那些反对白话文学的人,我也奉劝他们用白话来作文字。为什么呢?因为他们若不能作白话文字,便不配反对白话文学。譬如那些不认得中国字的中国人,若主张废汉文,我一定骂他们不配开口。若是我的朋友钱玄同要主张废汉文,我决不敢说他不配开口了。那些不会作白话文字的人来反对白话文学,便和那些不懂汉文的人要废汉文,是一样的荒谬。所以我劝他们多作些白话文字,多作些白话诗歌,试试白话是否有文学的价值。如果试了几年,还觉得白话不如文言,那时再来攻击我们,也还不迟。

还有一层,有些人说:"作白话很不容易,不如作文言的省力。"这是因为中毒太深之过。受病深了,更宜赶紧医治,否则真不可救了。其实作白话并不难。我有一个侄儿,今年才十五岁,一向在徽州不曾出过门。今年他用白话写信来,居然写得极好。我们徽州话和官话差得很远，我的侄儿不过看了一些白话小说，便会作白话文字了。这可见作白话并不是难事，不过人性懒惰的居多数，舍不得抛"高文典册"的死文字罢了。

（二）方法。我以为中国近来文学所以这样腐败，大半虽由于没有适用的"工具"，但是单有"工具"，没有方法，也还不能造新文学。做木匠的人，单有锯凿钻刨，没有规矩师法，决不能造成木器。文学也是如此。若单靠白话便可造新文学，难道把郑孝胥、陈三立的诗翻成了白话，就可算得新文学了吗？难道那些用白话作的《新华春梦记》《九尾龟》，也可算作新文学吗？我以为现在国内新起的一班"文人"，受病最深的所在，只在没有高明的文学方法。我且举小说一门为例。现在的小说（单指中国人自己著的），看来看去，只有两派。一派最下流的，是那些学《聊斋志异》的札记小说。篇篇都是"某生，某处人，生有异禀，下笔千言，……一日于某地遇一女郎，……好事多磨，……遂为情死。"或是"某地某生，游某地，眷某妓，情好綦笃，遂订白头之约，……而大妇妒甚，不能相容，女抑郁以死，……生抚尸一恸几绝。"……此类文字，只可抹桌子，固不值一驳。还有那第二派是那些学《儒林外史》或是学《官场现形记》的白话小说。上等的如《广陵潮》，下等的如《九尾龟》。这一派小说，只学了《儒林外史》的坏处，却不曾学得它的好处。《儒林外史》的坏处在于体裁结构太不紧严，全篇是杂凑起来的。例如娄府一群人自成一段；杜府两公子自成一段；马二先生又成一段；虞博士又成一段；萧云仙、郭孝子，又各自成一段。 分出来，可成无数札记小说；接下去，可长至无穷无极。《官场现形记》便是这样。如今的章回小说，大都犯这个没有结构、没有布局的懒病。却不知道《儒林外史》所以能有文学价值者，全靠一副写人物的画工本领。我十年不曾读这书了，但是我闭了眼睛，还觉得书中的人物，如严贡生，如马二先生，如杜少卿，如权勿用，……个个都是活的人物。正如读《水浒》的人，过了二三十年，还不会忘记鲁智深、李逵、武松、石秀……一班人。请问列位读过《广陵潮》和《九尾龟》的人，过了两三个月，心目中除了一个"文武全才"的章秋谷之外，还记得几个活灵活现的书中人物？——所以我说，现在的"新小说"，全是不懂得文学方法的：既不知布局，又不知结构，又不知描写人物，只作成了许多又长又臭的文字；只配与报纸的第二张充篇幅，却不配在新文学上占一个位置。——小说在中国近年，比较地说来，要算文学中最发达的一门了。小说尚且如此，别种文学，如诗歌戏曲，更不用说了。

如今且说什么叫做"文学的方法"呢？这个问题不容易回答，况且又不是这篇文章的本题，我且约略说几句。

大凡文学的方法可分三类：

（1）收集材料的方法。中国的"文学"，大病在于缺少材料。那些古文家，除了墓志、寿序、家传之外，几乎没有一毫材料。因此，他们不得不作那些极无聊的《汉高帝斩丁公论》、《汉文帝唐太宗优劣论》。至于近人的诗词，更没有什么材料可说了。近人的小说材料，只有三种：一种是官场，一种是妓女，一种是不官而官、非妓而妓的中等社会（留学生、女学生之可作小说材料者，亦附此类），除此之外，别无材料。最下流的，竟至登告白征求这种材料。作小说竟须登告白征求材料，便是宣告文学家破产的铁证。我以为将来的文学家收集材料的方法，约如下：

（甲）推广材料的区域。官场、妓院与龌龊社会三个区域，决不够采用。即如今日的贫民社会，如工厂之男女工人、人力车夫、内地农家、各处大负贩及小店铺，一切痛苦情形，都不曾在文学上占一位置。并且今日新旧文明相接触，一切家庭惨变，婚姻苦痛，女子之位置，教育之不适宜……种种问题，都可供文学的材料。

（乙）注意实地的观察和个人的经验。现今文人的材料大都是关了门虚造出来的，或是间接又间接地得来的。因此我们读这种小说，总觉得浮泛敷衍，不痛不痒的，没有一毫精采。真正文学家的材料大概都有"实地的观察和个人自己的经验"做个根底。不能做实地的观察，便不能做文学家；全没有个人的经验，也不能做文学家。

（丙）要用周密的理想做观察经验的补助。实地的观察和个人的经验，固是极重要，但是也不能全靠这两件。例如施耐庵若单靠观察和经验，决不能作出一部《水浒传》。个人所经验的，所观察的，究竟有限。所以必须有活泼精细的理想（Imagination），把观察经验的材料，一一的体会出来，一一的整理如式，一一的组织完全：从已知的推想到未知的，从经验过的推想到不曾经验过的，从可观察的推想到不可观察的。这才是文学家的本领。

（2）结构的方法。有了材料，第二步须要讲究结构。结构是个总名词，内中所包甚广，简单说来，可分剪裁和布局两步：

（甲）剪裁。有了材料，先要剪裁。譬如做衣服，先要看哪块料可做袍子，哪块料可做背心。估计定了，方可下剪。文学家的材料也要如此办理。先须看这些材料该用作小诗呢,还是作长歌呢?该用作章回小说呢,还是作短篇小说呢?该用作小说呢,还是作戏本呢?筹划定了,方才可以剪下那些可用的材料,去掉那些不中用的材料;方才可以决定作什么体裁的文字。

（乙）布局。体裁定了,再可讲布局。有剪裁,方可决定"做什么";有布局,方可决定"怎样做"。材料剪定了,须要筹算怎样做去始能把这材料用得最得当又最有效力。例如唐朝天宝时代的兵祸,百姓的痛苦,都是材料。这些材料,到了杜甫的手里,便成了诗料。如今且举他的《石壕吏》一篇,作布局的例。这首诗只写一个过路的客人一晚上在一个人家内偷听得的事情,只用一百二十个字,却不但把那一家祖孙三代的历史都写出来,并且把那时代兵祸之惨,壮丁死亡之多,差役之横行,小民之苦痛,都写得逼真活现,使人读了生无限的感慨。这是上品的布局工夫。又如古诗《上山采蘼芜,下山逢故夫》一篇,写一家夫妇的惨剧,却不从"某人娶妻甚贤,后别有所欢,遂出妻再娶"说起,只挑出那前妻山上下来遇着故夫的时候下笔,却也能把那一家的家庭情形写得充分满意。这也是上品的布局工夫。——近来的文人全不讲求布局:只顾凑足多少字可卖几块钱,全不问材料用的得当不得当,动人不动人。他们今日作上回的文章,还不知道下一回的材料在何处!这样的文人怎样造得出有价值的新文学呢!

（3）描写的方法。局已布定了,方才可讲描写的方法。描写的方法,千头万绪,大要不出四条：

（一）写人。

（二）写境。

（三）写事。

（四）写情。

写人要举动、口气、身分、才性……都要有个性的区别：件件都是林黛玉,决不是薛宝钗;件件都是武松,决不是李逵。写境要一喧、一静、一石、一山、一云、一鸟……也都要有个性的区别：《老残游记》的大明湖,决不是西湖,也决不是洞庭湖;《红楼梦》里的家庭,决不是《金瓶梅》里的家庭。写事要线索分明,头绪清楚,近情近理,亦正亦奇。写情要真、要精、要细腻婉转、要淋漓尽致。——有时须用境写人,用情写人,用事写人;有时须用人写境,用事写境,用情写境……这里面的千变万化,一言难尽。

如今且回到本文。我上文说的：创造新文学的第一步是工具,第二步是方法。方法的大致，我刚才说了。如今且问，怎样预备方才可得着一些高明的文学方法？我仔细想来，只有一条法子：就是赶紧多多地翻译西洋的文学名著做我们的模范。我这个主张，有两层理由：

第一，中国文学的方法实在不完备，不够做我们的模范。即以体裁而论，散文只有短篇，没有布置周密、论理精严、首尾不懈的长篇；韵文只有抒情诗，绝少纪事诗，长篇诗更不曾有过；戏本更在幼稚时代，但略能纪事掉文，全不懂结构；小说好的，只不过三四部，这三四部之中，还有许多疵病；至于最精采之"短篇小说"、"独幕戏"，更没有了。若从材料一方面看来，中国文学更没有做模范的价值。才子佳人、封王挂帅的小说；风花雪月、涂脂抹粉的诗；不能说理、不能言情的"古文"；学这个、学那个的一切文学；这些文字，简直无一毫材料可说。至于布局一方面，除了几首实在好的诗之外，几乎没有一篇东西当得"布局"两个字！所以我说，从文学方法一方面看去，中国的文学实在不够给我们做模范。

第二，西洋的文学方法，比我们的文学，实在完备得多，高明得多，不可不取例。即以散文而论，我们的古文家至多比得上英国的倍根（Bacon）和法国的孟太恩（Montaigne），至于像柏拉图（Plato）的"主客体"，赫胥黎（Huxley）等的科学文字，包士威尔（Boswell）和莫烈（Morley）等的长篇传记，弥儿（Mill）、弗兰克令（Franklin）、吉朋（Gibbon）等的"自传"，太恩（Taine）和白克儿（Buckle）等的史论……都是中国从不曾梦见过的体裁。更以戏剧而论，二千五百年前的希腊戏曲，一切结构的工夫，描写的工夫，高出元曲何止十倍。近代的萧士比亚（Shakespeare）和莫逆尔（Molière）更不用说了。最近六十年来，欧洲的散文戏本，千变万化，远胜古代，体裁也更发达了。最重要的，如"问题戏"，专研究社会的种种重要问题；"象征戏"（Symbolie Drama），专以美术的手段作的"意在言外"的戏本；"心理戏"，专描写种种复杂的心境，做极精密的解剖；"讽刺戏"，用嬉笑怒骂的文章，达愤世救世的苦心——我写到这里，忽然想起今天梅兰芳正在唱新编的《天女散花》，上海的人还正在等着看新排的《多尔衮》呢！我也不往下数了。——更以小说而论，那材料之精确，体裁之完备，命意之高超，描写之工切，心理解剖之细密，社会问题讨论之透彻……真是美不胜收。至于近百年新创的"短篇小说"，真如芥子里面藏着大千世界；真如百炼的精金，曲折委婉，无所不可；真可说是开千古未有的创局，掘百世不竭的宝藏。——

以上所说，大旨只在约略表示西洋文学方法的完备。因为西洋文学真有许多可给我们做模范的好处，所以我说：我们如果真要研究文学的方法，不可不赶紧翻译西洋的文学名著，做我们的模范。

现在中国所译的西洋文学书，大概都不得其法，所以收效甚少。我且拟几条翻译西洋文学名著的办法如下：

（1）只译名家著作，不译第二流以下的著作。我以为国内真懂得西洋文学的学者应该开一会议，公共选定若干种不可不译的第一流文学名著：约数如一百种长篇小说，五百篇短篇小说，三百种戏剧，五十家散文，为第一部《西洋文学丛书》，期五年译完，再选第二部。译成之稿，由这几位学者审查，并一一为作长序及著者略传，然后付印；其第二流以下，如哈葛得之流，一概不选。诗歌一类，不易翻译，只可从缓。

（2）全用白话韵文之戏曲，也都译为白话散文。用古文译书，必失原文的好处。如林琴南的"其女珠，其母下之"，早成笑柄，且不必论。前天看见一部侦探小说《圆室案》中，写一位侦探"勃然大怒，拂袖而起"。不知道这位侦探穿的是不是康桥大学的广袖制服！——这样译书，不如不译。又如林琴南把萧士比亚的戏曲，译成了记叙体的古文！这真是萧士比亚的大罪人，罪在《圆室案》译者之上。

（三）创造。上面所说工具与方法两项，都只是创造新文学的预备。工具用得纯熟自然了，方法也懂了，方才可以创造中国的新文学。至于创造新文学是怎样一回事，我可不配开口了。我以为现在的中国，还没有做到实行预备创造新文学的地步，尽可不必空谈创造的方法和创造的手段，我们现在且先去努力做那第一第二两步预备的工夫罢！

民国七年四月

什么是文学——答钱玄同

本文收入《胡适文存》时未见发表,从信后所署日期知本文写于一九二〇年十月十四日

我尝说:"语言文字都是人类达意表情的工具:达意达的好,表情表的妙,便是文学。"

但是怎样才是"好"与"妙"呢?这就很难说了。我曾用最浅近的话说明如下:"文学有三个要件:第一要明白清楚,第二要有力能动人,第三要美。"

因为文学不过是最能尽职的语言文字,因为文学的基本作用(职务)还是"达意表情",故第一个条件是要把情或意,明白清楚地表出达出,使人懂得,使人容易懂得,使人决不会误解。请看下例:

藻坞芝房,一点中池。生来易惊。笑金钗卜就,先能断决;犀珠镇后,才得和平。楼响登难,房空怯最,三斗除非借酒倾。芳名早,唤狗儿吹笛,伴取歌声。

沈忧何事牵情?悄不觉人前太息轻。怕残灯枕外,帘旌蝙拂;幽期夜半,窗户鸡鸣。愁髓频寒,回肠易碎,长是心头苦暗并。天边月,纵团圆如镜,难照分明。

这首《沁园春》是从《曝书亭集》卷二十八，页八，抄出来的。你是一位大学的国文教授，你可看得懂它"咏"的是什么东西吗？若是你还看不懂，那么，它就通不过这第一场"明白"（"懂得性"）的试验。它是一种玩意儿，连"语言文字"的基本作用都够不上，哪配称为"文学"！

懂得还不够。还要人不能不懂得；懂得了，还要人不能不相信，不能不感动。我要他高兴，他不能不高兴；我要他哭，他不能不哭；我要他崇拜我，他不能不崇拜我；我要他爱我，他不能不爱我。这是"有力"。这个，我可以叫它做"逼人性"。

我又举一例：

血府当归生地桃，

红花甘草壳赤芍，

柴胡芎桔牛膝等，

血化下行不作劳。

这是"血府逐瘀汤"的歌诀。这一类的文字，只有"记账"的价值，绝不能动人，绝没有"逼人"的力量，故也不能算文学。大多数的中国旧"文学"，如碑版文字，如平铺直叙的史传，都属于这一类。

我读齐镈文，书阙乏左证。独取圣祂字，古谊藉以正。亲殇称考妣，从女疑非敬。《说文》有祂字，乃训祀司命。此文两皇祂，配祖义相应。幸得三代物，可与浚长诤。……（李慈铭《齐子中姜镈歌》）

这一篇你（大学的国文教授）看了一定大略明白，但它决不能感动你，决不能使你有情感上的感动。

第三是"美"。我说，孤立的美，是没有的。美就是"懂得性"（明白）与"逼人性"（有力）二者加起来自然生的结果。例如"五月榴花照眼明"一句，何以"美"呢？美在用的是"明"字。我们读这个"明"字不能不发生一树鲜明逼人的榴花的印象。这里面含有两个分子：（1）明白清楚，（2）明白之至，有逼人而来的"力"。

再看《老残游记》的一段：

　　那南面山上，一条白光，映着月色，分外好看。一层一层的山岭，却分辨不清；又有几片白云在里面，所以分不出是云是山。及至定睛看去，方才看出哪是云哪是山来。虽然云是白的，山也是白的，云有亮光，山也有亮光；只因为月在云上，云在月下，所以云的亮光从背后透过来。那山却不然的，山的亮光由月光照在山上，被那山上的雪反射过来，所以光是两样了。然只稍近的地方如此。那山望东去，越望越远，天也是白的，山也是白的，云也是白的，就分辨不出来。

　　这一段无论是何等顽固古文家都不能不承认是"美"。美在何处呢？也只是两个分子：第一是明白清楚；第二是明白清楚之至，故有逼人而来的影像。除了这两个分子之外，还有什么孤立的"美"吗？没有了。
　　你看我这个界说怎样？我不承认什么"纯文"与"杂义"。无论什么文（纯文或杂文，韵文或非韵文）都可分作"文学的"与"非文学的"两项。

当前中国文化问题

胡适一九四八年演讲于上海公余学校

今天各位要我临时讲一讲"当前中国文化问题",这个题目范围太大,我不想把所有有关文化的问题都详细讲,只好把中国当前在文化上应当注意的趋向问题,就我个人的看法和各位谈谈。

"文化"这个名词,一般人多把它和"文明"二字的意义一样地解释,事实上也有它的区别。"文化"是比较抽象的名词,而"文明"则是比较具体的。人类为了应付环境,凭着一双手和一个大脑,做种种努力,所创造出来的成绩,就是"文明";人类为了应付环境,凭着手和脑做种种努力所形成的生活方式,就是"文化"。

"文化"从历史的进程看来,最初也含有相当的民族性和地方性,如衣冠、文物制度、生活习惯等,各地方各民族在交通不发达、彼此不易接触的情况之下,形成了它的特殊性。但是到了交通逐渐发达,人类接触频繁,而发生文化的交流;由互相吸收文化的优点,而逐渐消失了地方性,减少了民族性,成为整个世界文化的一部分。

传播文化的重要工具,是交通与通讯工具——也即是人类努力的成绩——"文明"之一种。近世纪轮船火车发明以来,世界的距离一天一天地缩短。而高速度的飞机之发明,更使地球的面积一天一天地缩小,记得几十年前,有一部小说叫做《八十日环游全世界》,当时这是一种理想,哪里想到去年六月里,有十九位美国报界领袖,坐了一架新造的飞机，在十三天之内，飞绕了全球一周，而实际飞行的时间不过一百点钟，等于四天零几点钟，将来也许时间还可缩短，至于谈到通讯工具，由最初发明有线电报，再到海底电线，以至电话的发明；到了第一次世界大战末期无线电话还未正式使用，但是现在无线电报与电话已普遍应用，更发明了电视、无线电广播等。一个人坐在家里，不仅可以收听全世界广播的消息，而且可以直接听到联合国大会里的演词，也可以看见世界运动会竞赛的盛况，这文明进步的奇迹，已经超过了我们中国小说上所说"千里眼、顺风耳"的神话世界了。

近一百多年来，因为交通的便利，各国通商贸易通行无阻，东西南北的人，可以在短时期内往来接触，使各色各样的风俗习惯，信仰思想，都可以很快地有彼此了解、彼此吸收的机会，很快地造成文化的交流混合；到了今天，我们只看到世界文化的整体，而不容易辨别哪种文化是某一国的，哪种文明工具是某一民族特有的。以世界文化对于我们中国的关系来讲，今天我们日常生活所用的电灯、电话、自来水、火车、汽车及一切衣、食、住、行有关的现代化工具，固然是世界文化的一部分，就是我们原有的手工业制造品，许多都适用舶来的原料；我们写字作文用标点符号；我们实行宪政民选代表，以及一切生活方式思想内容等，无论在乡村在都市，都免不了受世界文化的影响。另一方面，我们中国的文化对于世界也有密切的关连，我们的祖先，发明了许多东西，对于世界文化有若干的贡献，我们在欧美随处都能看见中国的瓷器、铜器、中国书、中国的丝绸和刺绣。茶叶是中国去的，桐油是全世界工业的必需品，甚至一草一木之微，如橘子和菊花，原来是中国产物，早已移植到外国。西方女人最喜爱的白茶花、栀子花，和许多外国公园里点缀着的迎春花，都是中国传播出去的，现在已成为世界文化的一部分。

从上面一连串的事实证明里，我们可以引申出第一个原则，那就是世界各地文化的交流，都是自然的，而且是自由的选择。

一个民族对于外来的文化之吸收或拒绝是本着"以其所有，易其所无"的自然的道理，不是出于强迫的，我没有的，他人有，我当然吸收他人的文化；我虽有，但不如他人的好，我当然也要吸收他人的文化；如果我原有的和他人的比较，还不能证明谁好谁坏那就不易吸收；如果我原有的，确比他人好，那一定会拒绝他人的文化。譬如玉蜀黍，原来是美洲的土产，因为不择土壤，易于种植，收获量大，所以很快地传遍了世界传遍了中国。

现在我们再举一个中国与世界文化有关的故事来说明一切。一五八二年意大利人利玛窦想到中国来传教——天主教，他知道中国的文化程度较高，不易接受他的教义，所以先研究中国所需要或者不如西洋的东西，希望我们采用，做为传教的导线。最后他带来了三件东西：

第一，就是代表机械文明的钟表。当时中国计时，是用"铜壶滴漏"的方法，不易移动，比较起来实觉呆笨。而十六世纪叶欧洲人发明了钟表，计时既准确，又可随便搁带，所以利玛窦把钟表一带到中国，马上就风行全国，于是我们数百年来传统的计时法，就毫无抵抗地给机械的钟表打倒了。

第二，是代表科学智识的天文历法。利玛窦是很有学问的人，他带来了很多的科学智识，但是没有确切的证明，中国人是不会盲目信从的。当时中国正想改良历法，因为有几派不同的历法，不知道究竟谁好谁坏。于是以推算日蚀和月蚀的结果来比较。谁的推算最精确，就采用谁的历法。利玛窦也就趁机参加这种比赛，为了避免某一地区临时阴雨不能证实推算的结果，所以分别在国内几个重要地区同时测验，并请政府分派专人一同观测。比赛的结果，利玛窦推算得最精确，一分一秒都不差。这一重大比赛，前后经过了十年的时间，朝野人士均极注目，事实证明了以后，明末崇祯十六年就下令改用新历法，后来许多科学智识如天文学、数学、医学等继续输入，到了现在新的医学，打倒了旧的医学，新的天文学、数学，打倒了旧时天文学与阴阳五行说，除非极少数赶不上时代的守旧者，才会抹杀这些事实的存在。

第三，是代表思想信仰的宗教。谈到宗教问题，那就不像前面所说的两种东西容易接受了。机械可以从效用来证明，科学智识可以用实验的方法来证明，而宗教则是比较抽象的，含有主观性的，不易证明的。它是一种信仰，一种思想而同时又牵涉到情感问题。我国数千年来传统的思想是孔孟之道（附带一部分佛教和道家思想流行民间），我们的祖宗相信它，父母相信它，亲戚朋友也相信它，于是每人在情感上不知不觉成为一种传统的爱好。一旦外来的宗教传入要我们接受，并放弃原有的主观的信仰，实在是不容易的事。所以利玛窦传教的效率，并不如机械与科学智识传播之顺利。

说到这里，我们又可归纳出第二个原则：那就是一个民族对于外来文化或世界文化的自由选择，在机械的，物质的科学智识方面，是比较容易吸收的；在思想、信仰及其他伦理的社会的智识方面，是比较不易吸收的。即可以直接证明的真理，容易被人认识，而不容易直接证明的思想文化，往往难于选择，甚至发生错觉。正因为如此，我们可以说今天中国的文化问题，第一类的机械的技术智识，已经完全接受，不成问题；第二类的纯粹科学的知识，也很快地吸收，没有任何问题。今天真正的问题，是第三类的思想信仰等问题，这个问题是和当前的世界文化思想有密切关系的。从前我们对于文化的选择是自然的，这是很自由的；但是不幸到了现在，人类的文化，在思想信仰方面只剩下了两条路，而且因为文化有世界性的关系，已经到了使我们非选择这一种就是选择那一种的重要时期；直捷了当地说，就是自由思想与非自由的思想之选择。

我说这话也许有人要笑我太保守，思想落伍。以为自由主义是十八世纪的东西，今天时代进步了，已往的自由民主思想不合时宜了，今天要牺牲个人的自由来完成一个党一个阶级自由，同时要舍弃言论出版自由的旧民主政治的作风来实行没有言论出版自由的新民主作风；这叫做新民主政治。各位想想，我们是不是应该选择这种没有自由的"自由"，没有民主的"民主"？各位看过平剧中最精采的《长坂坡》和《空城计》，如果《长坂坡》一剧里没有赵子龙，《空城计》没有诸葛亮，那岂不是不可想象的事？

否认自由价值，主张极权暴力的人们，时常拿"辩证法"来说明社会进化思想文化发展的历程，它的公式是："肯定——否定——否定之否定——综合"，换句话说，"肯定"之中含有"否定"的矛盾因子；所以就变为"否定"；而"否定"之中，含有另外一种"否定"的因子，所以再被"否定"，既"否定之否定"而变为"综合"；到了综合以后就不再被"否定"，这就是等于说到了共产主义社会进化就停止了，不许再变了。这停止和不变，事实上就是一种"肯定"。它们的命题本来是"肯定之中含有否定"，"甲之中含有非甲"，如果认为这是真理，为什么后来自己到了一种新的"肯定"，就不再被"否定"，不再变化了呢？这在逻辑上，是不能成立的。人类社会是需要进化的，为什么一定要停止在某一个阶段，不许再进呢？

……[①]不然，为什么苏俄革命三十年，还不能相信它自己的人民，对内还要用暴力来维持政权，对外还要用铁幕，遮着不许和世界各国交通接触呢？又为什么经过了好几个五年计划，致力于工业化与集体农场等工作，而国内人民所得的经济利益，和工

---

① 此处有删节。

人生活水准，还不能与东欧诸国相比，和美国英国更相差很远呢？

不久以前，北平的朋友要我到电台做一次广播讲演，我毫不迟疑地播讲了一个题目，就是"自由主义"。因为自由主义是我衷心的信仰，我相信今天的世界，文化正——走向自由民主的大道，虽然今天有一种文化的逆流要以不自由抑制自由的思想制度，认为是最后一个最好的思想制度，因而想统制全人类的思想，而不许有不同的意见存在，否认人类还应有更大更多的进步。但是我决不选这种文化，我所要选择的是事实已经证明了可以促进社会文明进步的"自由"的真理。

自由思想，并不是落伍的思想，它是世界文化向前发展的重要因素。自由主义最重要的有两件事：第一是言论自由，各人有什么意见可以自由发表，自由讨论，这样使不是"真理"的东西自然抛弃，使"真理"愈见明确，而为人所公认。第二是"容忍异己"的态度，各人既有他思想言论自由，自然对于我不同意见的人，我要容忍；否则，就是侵犯了他人的自由。在学术上、宗教上如此，在政治上也是如此。譬如我是一个无神论者，我有相信无神的自由，那么对于一个虔诚信仰有神者，我自然也没有理由去强制他相信无神。又在民主国家里，甲政党争选胜利了，并不是要消灭乙政党来保持政权，反之，是要借在野党的监督，来促使执政党的不断进步。

言论的自由和对异己的容忍，造成了人类文化上许多的进步与成绩。最近三四百年来，人类为了争取自由，付出了许多代价，而如前所说的物质文明，器械发明，自然科学，社会科学及一切人类文化的奇迹，也可说都是自由所赐予。西洋人会为了反抗压制自由者而流行的一句话是"不自由，毋宁死"，这可见自由的宝贵。不久以前，各位看见报上载了一段美国华莱士演说被侮的消息；当演说时，有人不满意华莱士的言论，抛掷鸡蛋和番茄等去打他，侮辱他，结果法院把这侮辱华莱士的人，判决给他两种处罚，任他自由选择：一种是罚拘役，一种是罚他抄写法国哲人伏尔泰的名句一百遍，那名句就是："你说的话，我一个字也不赞成；但是我要拼命力争你有说这话的权利。"各位想想，这是多么有人味的容忍态度。自己要争自由，同时还得承认别人也应该享受同等的自由，民主政治的作用，全靠容忍反对党，尊重不同意见的雅量。

这次，我从北平到南方来参加"中央研究院"院上会议，会着一些朋友，谈到目前的战局，颇为悲观，而且为我担心，像我这样地高谈自由，恐怕有一天也可能做为俘虏，并说，目前的战事，好像是必输的麻将。我说：我在北方，从来没有这种感觉，我相信一般人也不这样看，我决不承认"失败主义"的心理。我们回到十年以前，中国和日本作战，那才真是必输的麻将，日本是世界第一等的强国，拥有强大的海空军和机械化的陆军；论科学与工业，它并且是世界三大工业国之一。反过来看，我们中国的一切国防军备和物资条件，简直相差到不成比例，然而我们居然抗战八年，而且得到了最后胜利。

我们读历史知道争自由，争民主的运动，曾经遭遇无数次暴力的摧残与战祸的毁坏；但是最后还是自由战胜极权暴力。在最近三四百年之中，第一个民主自由的中心是在英国；第二个是在北美；第三是在南太平洋的澳洲与纽西兰。因为这地方都有海洋的保障，不容易受外来的武力的摧毁，现在这三四个中心的民主力量，培养雄厚了，足以成为这种运动的保卫力量。在最近三十多年中，人类经历了两次世界大战，结果都是爱自由、爱民主、爱有人味的文明联合力量的大胜利，所以我敢于推断今后自由的力量，在世界上还是站得住的，而且一定胜利的。

当前的世界文化潮流，显然有随着与主流与逆流的划分，也就是自由与不自由，民主与小民主，容忍与不容忍的划分。我们中国人要认清世界文化的潮流，选择自己应该走的方向，只有自由可以解决我们的民族精神，只有民主政治可以团结全民族的力量，来解决全民族的困难！只有自由、民主，可以给我们培养成一个有人味的文明社会！也只有在自由民主的世界里，才能研究出使文化更进步的真理来！

第三章　当我们谈政治，我们谈些什么

归国杂感

原载《新青年》第四卷第一号
一九一八年一月十五日

我在美国动身的时候,有许多朋友对我道:"密司忒胡,你和中国别了七个足年了,这七年之中,中国已经革了三次的命,朝代也换了几个了。真个是一日千里的进步。你回去时,恐怕要不认得那七年前的老大帝国了。"我笑着对他们说道:"列位不用替我担忧。我们中国正恐怕进步太快,我们留学生回去要不认得它了,所以它走上几步,又退回几步。它正在那里回头等我们回去认旧相识呢。"

这话并不是戏言,乃是真话。我每每劝人回国时莫存大希望;希望越大,失望越大。所以我自己回国时,并不曾怀什么大希望。果然船到了横滨,便听得张勋复辟的消息。如今在中国已住了四个月了,所见所闻,果然不出我所料。七年没见面的中国还是七年前的老相识!到上海的时候,有一天,一位朋友拉我到大舞台去看戏。我走进去坐了两点钟,出来的时候,对我的朋友说道:"这个大舞台真正是中国的一个绝妙的缩本模型。你看这大舞台三个字岂不很新?外面的房屋岂不是洋房?这里面的座位和戏台上的布景装潢岂不是西洋新式?但是做戏的人都不过是赵如泉、沈韵秋、万盏灯、何家声、何金寿这些人。没有一个不是二十年前的旧古董!我十三岁到上海的时候,他们已成了老角色了;如今又隔了十三年了,却还是他们在台上撑场面。这十三年造出来的新角色都到哪里去了呢?你再看那台上做的《举鼎观画》:那祖先堂上的布景,岂不很完备？只是那小薛蛟拿了那老头儿的书信，就此跨马加鞭，却忘记了台上布的景是一座祖先堂！又看那出《四进士》：台上布景，明明有了门了，那宋士杰却还要做手势去关那没有的门；上公堂时，还要跨那没有的门槛！你看这二十年前的旧古董在二十世纪的大舞台上做戏；装上了二十世纪的新布景，却偏要做那二十年前的旧手脚！这不是一副绝妙的中国现势图吗？"

我在上海住了十二天，在内地住了一个月，在北京住了两个月，在路上走了二十天，看了两件大进步的事：第一件是"三炮台"的纸烟，居然行到我们徽州去了；第二件是"扑克"牌居然比麻雀牌还要时髦了。"三炮台"纸烟还不算希奇，只有那"扑克"牌何以会这样风行呢？有许多老先生向来学A、B、C、D是很不行的，如今打起"扑克"来，也会说"恩德"，"累死"，"接客倭彭"了！这些怪不好记的名词，何以会这样容易上口呢？他们学这些名词这样容易，何以学正经的A、B、C、D又那样蠢呢？我想这里面很有可以研究的道理。新思想行不到徽州，恐怕是因为新思想没有"三炮台"那样中吃吧？A、B、C、D不容易教，恐怕是因为教的人不得其法吧？

我第一次走过四马路，就看见了三部教"扑克"的书。我心想"扑克"的书已有这许多了，那别种有用的书，自然更不少了，所以我就花了一天的工夫，专去调查上海的出版界。我是学哲学的，自然先寻哲学的书。不料这几年来，中国竟可以算得没有出过一部哲学书。找来找去，找到一部《中国哲学史》，内中王阳明占了四大页，《洪范》倒占了八页！还说了些"孔子既受天之命"、"与天地合德"的话。又看见一部《韩非子精华》，删去了《五蠹》和《显学》两篇，竟成了一部"韩非子糟粕"了。文学书内，只有一部王国维的《宋元戏曲史》是很好的。又看见一家书目上有翻译的萧士比亚剧本，找来一看，原来把会话体的戏剧，都改作了《聊斋志异》体的叙事古文！又看见一部《妇女文学史》，内中苏蕙的回文诗足足占了六十页！又看见《饮冰室丛著》内有《墨学微》一书，我是喜欢看看墨家的书的人，自然心中很高兴。不料抽出来一看，原来是任公先生十四年前的旧作，不曾改了一个字！此外只有一部《中国外交史》，可算是一部好书，如今居然到了三版了。这件事还可以使人乐观。此外那些新出版的小说，看来看去，实在找不出一部可看的小说。有人对我说，如今最风行的是一部《新华春梦记》，这也可以想见中国小说界的程度了。

总而言之，上海的出版界——中国的出版界，这七年来简直没有两三部以上可看的书！不但高等学问的书一部都没有，就是要找一部轮船上火车上消遣的书，也找不出（后来我寻来寻去，只寻得一部吴稚晖先生的《上下古今谈》，带到芜湖路上去看。）！我看了这个怪现状，真可以放声大哭。如今的中国人，肚子饿了，还有些施粥的厂把粥给他们吃。只是那些脑子叫饿的人可真没有东西吃了。难道可以拿《九尾龟》《十尾龟》来充饥吗？

中文书籍既是如此，我又去调查现在市上最通行的英文书籍。看来看去，都是些什么萧士比亚的《威匿思商》、《麦克白传》，阿狄生的《文报选录》，戈司密的《威克斐牧师》，欧文的《见闻杂记》……大概都是些十七世纪十八世纪的书。内中有几部十九世纪的书，也不过是欧文，迭更司，司各脱，麦考来几个人的书，都是和现在欧美的新思潮毫无关系的。怪不得我后来问起一位有名的英文教习，竟连 Bernard Shaw 的名字也不曾听见过，不要说 Tchekoff 和 Andreyev 了。我想这都是现在一班教会学堂出身的英文教习的罪过。这些英文教习，只会用他们先生教过的课本。他们的先生又只会用他们先生的先生教过的课本。所以现在中国学堂所用的英文书籍，大概都是教会先生的太老师或太太老师们教过的课本！怪不得和现在的思想潮流绝无关系了。

有人说，思想是一件事，文字又是一件事，学英文的人何必要读与现代新思潮有关系的书呢？这话似乎有理，其实不然。我们中国学英文，和英国、美国的小孩子学英文，是两样的。我们学西洋文字，不单是要认得几个洋字，会说几句洋话，我们的目的在于输入西洋的学术思想，所以我以为中国学校教授西洋文字，应该用一种"一箭射双雕"的方法，把"思想"和"文字"同时并教。例如教散文，与其用欧文的《见闻杂记》，或阿狄生的《文报选录》，不如用赫胥黎的《进化杂论》。又如教戏曲，与其教萧士比亚的《威匿思商》，不如用 Bernard Shaw 的 *Androcles and the Lion* 或是 Galsworthy 的 *Strife* 或 *Justice*，又如教长篇的文字，与其教麦考来的《约翰生行述》不如教弥儿的《群己权界论》。……我写到这里，忽然想起日本东京丸善书店的英文书目。那书目上，凡是英、美两国一年前出版的新书，大概都有。我把这书目和商务书馆与伊文思书馆的书目一比较，我几乎要羞死了。

我回中国所见的怪现状，最普通的是"时间不值钱"。中国人吃了饭没有事做，不是打麻雀，便是打扑克。有的人走上茶馆，泡了一碗茶，便是一天了。有的人拿一只鸟儿到处逛逛，也是一天了。更可笑的是朋友去看朋友，一坐下便生了根了，再也不肯走。有事商议，或是有话谈论，倒也罢了。其实并没有可议的事，可说的话。我有一天在一位朋友处有事，忽然来了两位客，是××馆的人员。我的朋友走出去会客，我因为事没有完，便在他房里等他。我以为这两位客一定是来商议这××馆中什么要事的。不料我听得他们开口道："××先生，今回是打津浦火车来的，还是坐轮船来的？"我的朋友说是坐轮船来的。这两位客接着便说轮船怎样不便，怎样迟缓。又从轮船上谈到铁路上，从铁路上又谈到现在中交两银行的钞洋跌价。因此又谈到梁任公的财政本领，又谈到梁士诒的行踪去迹……谈了一点多钟，没有谈上一句要紧的话。后来我等得没法了，只好叫听差去请我的朋友。那两位客还不知趣，不肯就走。我不得已，只好跑了，让我的朋友去领教他们的"二梁优劣论"罢！

美国有一位大贤名弗兰克令（Benjamin Frank1in）的，曾说道："时间乃是造成生命的东西。"时间不值钱，生命仍然也不值钱了。上海那些拣茶叶的女工，一天拣到黑，至多不过得二百个钱，少的不过得五六十钱！茶叶店的伙计，一天做十六七点钟的工，一个月平均只拿得两三块钱！还有那些工厂的工人，更不用说了。还有那些更下等、更苦痛的工作，更不用说了。人力那样不值钱，所以卫生也不讲究，医药也不讲究。我在北京、上海看那些小店铺里和穷人家里的种种不卫生，真是一个黑暗世界。至于道路的不洁净，瘟疫的流行，更不消说了。最可怪的是无论阿猫、阿狗都可挂牌医病，医死了人，也没有人怨恨，也没有人干涉。人命的不值钱，真可算得到了极端了。

现今的人都说教育可以救种种的弊病。但是依我看来，中国的教育，不但不能救亡，简直可以亡国。我有十几年没到内地去了，这回回去，自然去看看那些学堂。学堂的课程表，看来何尝不完备？体操也有，图画也有，英文也有，那些国文、修身之类，更不用说了。但是学堂的弊病，却正在这课程完备上。例如我们家乡的小学堂，经费自然不充足了，却也要每年花六十块钱去请一个中学堂学生兼教英文唱歌。又花二十块钱买一架风琴。我心想，这六十块一年的英文教习，能教什么英文？教的英文，在我们山里的小地方，又有什么用处？至于那音乐一科，更无道理了。请问那种学堂的音乐，还是可以增进"美感"呢？还是可以增进音乐知识呢？若果然要教音乐，为什么不去村乡里找一个会吹笛子唱昆腔的人来教？为什么一定要用那实在不中听的二十块钱的风琴呢？

那些穷人的子弟学了音乐回家,能买得起一架风琴来练习他所学的音乐知识吗?我真是莫名其妙了。所以我在内地常说:"列位办学堂,尽不必问教育部规程是什么,须先问这块地方上最需要的是什么。譬如我们这里最需要的是农家常识,蚕桑常识,商业常识,卫生常识,列位却把修身教科书去教他们做圣贤!又把二十块钱的风琴去教他们学音乐!又请一位六十块钱一年的教习教他们的英文!列位且自己想想看,这样的教育,造得出什么样的人才?所以我奉劝列位办学堂,切莫注重课程的完备,须要注意课程的实用。尽不必去巴结视学员,且去巴结那些小百姓。视学员说这个学堂好,是没有用的。须要小百姓都肯把他们的子弟送来上学,那才是教育有成效了。"

以上说的是小学堂。至于那些中学校的成绩,更可怕了。我遇见一位省立法政学堂的本科学生,谈了一会,他忽然问道:"听说东文是和英文差不多的,这话可真吗?"我已经大诧异了。后来他听我说日本人总有些岛国习气,忽然问道:"原来日本也在海岛上吗?"——这个固然是一个极端的例子。但是如今中学堂毕业的人才,高又高不得,低又低不得,竟成了一种无能的游民。这都由于学校里所教的功课,和社会上的需要毫无关涉。所以学校只管多,教育只管兴,社会上的工人、伙计、账房、警察、兵士、农夫……还只是用没有受过教育的人。社会所需要的是做事的人才,学堂所造成的是不会做事又不肯做事的人才,这种教育不是亡国的教育吗?

我说我的"归国杂感",提起笔来,便写三四千字。说的都是些很可以悲观的话。但是我却并不是悲观的人。我以为这二十年来中国并不是完全没有进步,不过惰性太大,向前三步又退回两步,所以到如今还是这个样子。我这回回家寻出了一部叶德辉的《翼教丛编》,读了一遍,才知道这二十年的中国实在已经有了许多大进步。不到二十年前,那些老先生们,如叶德辉、王益吾之流,出了死力去驳康有为,所以这书叫做《翼教丛编》。我们今日也痛骂康有为。但二十年前的中国,骂康有为太新;二十年后的中国,却骂康有为太旧。如今康有为没有皇帝可保了,很可以作一部《翼教续编》来骂陈独秀了。这两部"翼教"的书的不同之处,便是中国二十年来的进步了。

民国七年一月

多研究些问题，少谈些主义

原载《每周评论》第三一号
一九一九年七月二十日

本报（《每周评论》）第二十八号里，我曾说过：

> 现在舆论界大危险，就是偏向纸上的学说，不去实地考察中国今日的社会需要究竟是什么东西。那些提倡尊孔祀天的人，固然是不懂得现时社会的需要。那些迷信军国民主义或无政府主义的人，就可算是懂得现时社会的需要么？

> 要知道舆论家的第一天职，就是细心考察社会的实在情形。一切学理，一切"主义"，都是这种考察的工具。有了学理做参考材料，便可使我们容易懂得所考察的情形，容易明白某种情形有什么意义，应该用什么救济的方法。

我这种议论，有许多人一定不愿意听。但前几天北京《公言报》、《新民国报》、《新民报》（皆安福部的报）和日本文的《新支那报》，都极力恭维安福部首领王揖唐主张民生主义的演说，并且恭维安福部设立"民生主义的研究会"的办法。有许多人自然嘲笑这种假充时髦的行为。但是我看了这种消息，发生一种感想。这种感想是：

"安福部也来高谈民生主义了，这不够给我们这班新舆论家一个教训吗？"什么教训呢？这可分三层说：

第一，空谈好听的"主义"，是极容易的事，是阿猫阿狗都能做到的事，是鹦鹉和留声机器都能做的事。

第二，空谈外来进口的"主义"，是没有什么用处的。一切主义都是某时某地的有心人，对于那时那地的社会需要的救济方法。我们不去实地研究我们现在的社会需要，单会高谈某某主义，好比医生单记得许多汤头歌诀，不去研究病人的症侯，如何能有用呢？

第三，偏向纸上的"主义"，是很危险的。这种口头禅很容易被无耻政客利用来做种种害人的事。欧洲政客和资本家利用国家主义的流毒，都是人所共知的。现在中国的政客，又要利用某种某种主义来欺人了。罗兰夫人说："自由自由，天下多少罪恶，都是借你的名做出的！"一切好听的主义，都有这种危险。

这三条合起来看，可以看出"主义"的性质。凡"主义"都是应时势而起的。某种社会，到了某时代，受了某种的影响，呈现某种不满意的现状。于是有一些有心人，观察这种现象，想出某种救济的法子。这是"主义"的原起。主义初起时，大都是一种救时的具体主张。后来这种主张传播出去，传播的人要图简便，使用一两个字来代表这种具体的主张，所以叫它作"某某主义"。主张成了主义，便由具体的计划，变成一个抽象的名词，"主义"的弱点和危险，就在这里。因为世间没有一个抽象名词能把某人某派的具体主张都包括在里面。比如"社会主义"一个名词，马克思的社会主义，和王揖唐的社会主义不同；你的社会主义，和我的社会主义不同；决不是这一个抽象名词所能包括。你谈你的社会主义，我谈我的社会主义，王揖唐又谈他的社会主义，同用一个名词，中间也许隔开七八个世纪，也许隔开两三万里路，然而你和我和王揖唐都可自称社会主义家，都可用这一个抽象名词来骗人。这不是"主义"的大缺点和大危险吗？

我再举现在人人嘴里挂着的"过激主义"做一个例：现在中国有几个人知道这一名词做何意义？但是大家都痛恨痛骂"过激主义"，内务部下令严防"过激主义"，曹锟也行文严禁"过激主义"，卢永祥也出示查禁"过激主义"。前两个月，北京有几个老官僚在酒席上叹气，说："不好了，过激派到了中国了。"前两天有一个小官僚，看见我写的一把扇子,大诧异道:"这不是过激党胡适吗?"哈哈,这就是"主义"的用处!

我因为深觉得高谈主义的危险,所以我现在奉劝新舆论界的同志道:"请你们多提出一些问题,少谈一些纸上的主义。"

更进一步说:"请你们多多研究这个问题如何解决,那个问题如何解决,不要高谈这种主义如何新奇,那种主义如何奥妙。"

现在中国应该赶紧解决的问题,真多得很。从人力车夫的生计问题,到大总统的权限问题;从卖淫问题到卖官卖国问题;从解散安福部问题到加入国际联盟问题;从女子解放问题到男子解放问题……哪一个不是火烧眉毛的紧急问题?

我们不去研究人力车夫的生计,却去高谈社会主义;不去研究女子如何解放,家庭制度如何救正,却去高谈公妻主义和自由恋爱;不去研究安福部如何解散,不去研究南北问题如何解决,却去高谈无政府主义;我们还要得意扬扬夸口道,"我们所谈的是根本解决"。老实说罢,这是自欺欺人的梦话,这是中国思想界破产的铁证,这是中国社会改良的死刑宣告!

为什么谈主义的人那么多,为什么研究问题的人那么少呢?这都由于一个懒字。懒的定义是避难就易。研究问题是极困难的事,高谈主义是极容易的事。比如研究安福部如何解散,研究南北和议如何解决,这都要费工夫,挖心血,收集材料,征求意见,考察情形,还要冒险吃苦,方才可以得一种解决的意见。又没有成例可援,又没有黄梨洲、柏拉图的话可引,又没有《大英百科全书》可查,全凭研究考察的工夫:这岂不是难事吗?高谈"无政府主义"便不同了。买一两本实社《自由录》,看一两本西文无政府主义的小册子,再翻一翻《大英百科全书》,便可以高谈无忌了:这岂不是极容易的事吗?

高谈主义,不研究问题的人,只是畏难求易,只是懒。

凡是有价值的思想,都是从这个那个具体的问题下手的。先研究了问题的种种方面的种种事实,看看究竟病在何处,这是思想的第一步工夫。然后根据于一生的经验学问,提出种种解决的方法,提出种种医病的丹方,这是思想的第二步工夫。然后用一生的经验学问,加上想象的能力,推想每一种假定的解决法,该有什么样的效果,推想这种效果是否真能解决眼前这个困难问题。推想的结果,拣定一种假定的解决,认为我的主张,这是思想的第三步工夫。凡是有价值的主张,都是先经过这三步工夫来的。不如此，算不得舆论家，只可算是抄书手。

　　读者不要误会我的意思。我并不是劝人不研究一切学说和一切"主义"。学理是我们研究问题的一种工具。没有学理做工具，就如同王阳明对着竹子痴坐，妄想"格物"，那是做不到的事。种种学说和主义，我们都应该研究。有了许多学理做材料，见了具体的问题，方才能寻出一个解决的方法。但是我希望中国的舆论家，把一切"主义"摆在脑背后，做参考资料，不要挂在嘴上做招牌，不要叫一知半解的人拾了这些半生不熟的主义去做口头禅。

　　"主义"的大危险，就是能使人心满意足，自以为寻着包医百病的"根本解决"，从此用不着费心力去研究这个那个具体问题的解决法了。

民国八年七月

争自由的宣言

胡适、蒋梦麟等七人联合署名，原载于《晨报》
一九二〇年八月一日

我们本不愿意谈实际的政治，但是实际的政治却没有一时一刻不来妨害我们。自辛亥革命直到现在，已经有九个年头，这九年在假共和政治之下，经验了种种不自由的痛苦，但是政局变迁，这党把那党赶掉。然全国不自由的痛苦仍同从前一样。政治逼迫我们到这样无路可走的时候。我们便不得不起一种彻底觉悟，认定政治如果不由人民发动，断不会有真共和实现。但是如果想使政治由人民发动，不得不先有养成国人自由思想自由评判的真精神的空气。我们相信人类自由的历史，没有一国不是人民费去一滴一滴的血汗换得来的。没有肯为自由而战的人民，绝不会有真正的自由出现。这几年来军阀政党胆敢这样横行，便是国民缺乏自由思想自由评判的真精神的表现。我们现在认定有几种基本的最小限度的自由，是人民和社会生存的命脉，故把它郑重提出，请我全国同胞起来力争。

（A）消极方面

一、治安警察条例。把人民政治结社、政谈集合、屋外集合、公众运动、游戏、群集、演说、布告和工人聚集、女子参政种种自由，交给警察官署去任意处理，结果便把改造社会的政治运动、思想宣传运动、劳动运动、女子运动根本打消，使约法上规定的集合结社自由，成了一句废话。故民国三年三月二日所公布的治安警察条例，应即废止。

一、出版法把人民著作发行、印刷、出售、散布文书图画的自由，交给警察官署或县知事处理，不独把宣传文化灌输学术思想的工具完全破坏，并连约法上出版自由，也根本消灭。故民国三年十二月四日所公布的出版法，应即废止。

一、报纸条例。把日刊、周刊、旬刊、月刊、年刊和不定期刊的言论自由，放在警察官署手里，并且先要求许多保押费，这是中国抄袭日本的特别法律，结果把个人意见和社会舆论的发表权，寄附在警察官喜怒之下。思想既不能自由，舆论也不能独立，约法上言论自由规定，还有什么效力。故民国三年四月二日所公布的报纸条例，应即废止。

一、管理印刷业条例。把印刷局的营业自由完全剥夺，使约法上营业自由全归无效。故民国八年所公布中管理印刷业条例，应即废止。

一、预戒条例中所举的犯罪事件。如破坏社会道德、阻挠地方公益等罪名，范围标准都由警察厅或县知事决定，并且不限于已经犯罪的人，但是警察厅县知事认为"欲行"犯罪的人，也一律适用。凡受预戒令的人，居住、迁移、职业、行动都不得自由，与约法上居住迁移自由的规定，完全相背。故民国三年三月三日所公布的预戒条例，应即废止。

一、戒严令第十四条规定的事件：凡人民身体、家宅、言论、著作、集会、结社、书信秘密、居住迁移和财产营业等自由，没有一件不被干涉。这种重大的问题，断不可让行政官自由处置，应该要求，以后如果不遇外患或战争已经开始的时候，不得国会省议会议决，或市民请求，不得滥行宣布戒严。

（B）积极方面

一、下列四种自由，不得在宪法外更设立制限的法律。

（1）言论自由。

（2）出版自由。

（3）集会结社自由。

（4）书信秘密自由。

一、这几年来，行政官厅和军警各署，对于人民往往不经法庭审判，擅自拘留，或擅自惩罚，把身体力行自由权剥夺净尽。应即实行"人身保护法"，保障人民身体的自由。

[附注] "人身保护法"是英国的 Writ of Habeas Corpus 章同秋释为"出庭状"。该状有几层用处：（一）出庭状有一定的格式。英国是由高等法院（High Court）发出来的，如果受违法的拘留时，不但本人可以请求，便是亲友或相熟的人也都可以去领。（二）拘留人的人接到这状，便要立刻将被拘留的人交出。（三）被拘留人一经出庭状发出，无论生死，都要交到法庭去依法审判。（四）法院既受人请求，应该即刻发出出庭状，不然便要重罚。受出庭状而不将拘留的人交出者，也要重罚。故这种法律，是救济违法拘人的最周密的方法。

一、这几年来，选举舞弊可算是达到极点。应由无党派关系的公民组织"选举监督团"于选举时实行监督，并公请律师，专调查犯罪证据，和管理诉讼事项。

我们要我们的自由

据推断,此文是胡适一九二九年为《平论》周刊撰写的发刊词

佛书里有这样一段神话:

有一只鹦鹉,飞过雪山,遇见雪山大火,它便飞到水上,垂下翅膀,沾了两翅的水,飞回去滴在火焰上。滴完了,它又飞去取了水回来救火。雪山的大神看它往来滴水救火,对它说道:"你那翅膀上的几滴水怎么救得了这一山的大火呢?你歇歇吧!"鹦鹉回答道:"我曾住过这山,现在见火烧山,心里有点不忍,所以想尽一点力。"山神听了,感它的诚意,遂用神力把火救熄了。

我们现在创办这个刊物,也只因为我们骨头烧成灰毕竟都是中国人,在这个国家吃紧的关头,心里有点不忍,所以想尽一点力。我们的能力是很微弱的,我们要说的话也许是有错误的,但我们这一点不忍的心也许可以得着国人的同情和谅解。

近两年来,国人都感觉舆论的不自由。在"训政"的旗帜之下,在"维持共信"的口号之下,一切言论自由和出版自由都得受种种的钳制。异己便是反动,批评便是反革命。报纸的新闻和议论至今还受检查。稍不如意,轻的便停止邮寄,重的便遭封闭。所以今日全国之大,无一家报刊杂志敢于有翔实的记载或善意的批评。

负责任的舆论机关既被钳制了，民间的怨愤只有三条路可以发泄：一是秘密的小册子，二是匿名的杂志文字，三是今天最流行的小报。社会上没有翔实的新闻可读，人们自然愿意向小报中去寻找快意的谣言了。善意的批评既然绝迹，自然只剩一些恶心的谩骂和丑诋了。一个国家没有纪实的新闻而只有快意的谣言，没有公正的批评而只有恶意的谩骂和丑诋，——这是一个民族的大耻辱。这都是摧残言论出版自由的当然结果。

我们是爱自由的人，我们要我们的思想自由，言论自由，出版自由。

我们不用说，这几种自由是一国学术思想进步的必要条件，也是一国社会政治改善的必要条件。

我们现在要说，我们深深感觉国家前途的危险，所以不忍放弃我们的思想言论的自由。

我们的政府至今还在一班没有现代学识、没有现代训练的军人政客的手里，这是不可讳的事实。这个政府，在名义上，应该受一个政党的监督指导。但党的各级机关大都在一班没有现代学识、没有现代训练的少年党人手里，他们能贴标语，能喊口号，而不足以监督指导一个现代的国家。这也是不可讳的事实。所以在事实上，党不但不能行使监督指导之权，还往往受政府的支配。最近开会的"第三次全国代表大会"，便有百分之七八十的代表是政府指派或圈定的。所以在事实上，这个政府是绝对的，是没有监督指导的机关的。

以一班没有现代知识训练的人统治一个几乎完全没有现代设备的国家，而丝毫没有监督指导的机关，——这是中国当前最大的危机。

我们所以要争我们的思想言论出版的自由，第一，是要想尽我们的微薄能力，以中国国民的资格，对于国家社会的问题做善意的批评和积极的讨论，尽一点指导监督的天职；第二，是要借此提倡一点新风气，引起国内的学者注意国家社会的问题，大家起来做政府和政党的指导监督。

我们深信，不负责任的秘密传单或匿名文字都不是争自由的正当方法。我们所争的不是匿名文字或秘密传单的自由，乃是公开的，负责任的言论著述出版的自由。

我们深信，争自由的方法在于负责任的人说负责任的话。

我们办这个刊物的目的便是以负责任的人对社会国家的问题说负责任的话。我们用自己的真姓名发表自己良心上要说的话。有谁不赞成我们的主张，尽可以讨论，尽可以批评，也尽可以提起法律上的控诉。但我们不受任何方面的非法干涉。

这是我们的根本态度。

好政府主义

胡适一九二一年十月二十二日演讲于中国大学

刚才陈先生所说的介绍语，我有许多不敢当。但人类是总有点野心，总有些希望。打破空间时间的观念，确立一种世界观念；把学说主张，贡献到全世界，并予未来时代的人以共见：也许是人类应有的希望！又陈先生对于我的名字之解说，似乎可以说是"投机家"。但是"投机"两个字，也可以做好的解释。从前人说："英雄造时势，时势造英雄。"英雄与时势，二者迭相助长，如环无端。使无投机者，则时势无从变更起。使无相当的时势，虽有英雄，亦且无从新造起。惟少数人的主张，根据于大多数人的需要；而大多数人得着这种主张，可以得着结果，而使时势发生变迁。所以到了时机成熟，应时势的需要，而发生有意志的有目的的有公共利益的主张，必易得大众的承认，而见诸实行。这种主张，也许是一种投机。我知陈先生所希望的，必是这种投机！

我以为应时势的需要，而有所主张，最要的是要有简单明了，而且人人皆可以承认的目标；这种目标，就是我今天所讲的"好政府主义"。这"好政府"三字，是否救时的大家公认的目标，待我仔细说来。

好政府主义，假定的是有政府主义。政府之为物，有的说它好，有的说它坏。有两种说法，各走极端的：其一，以政府是天生的，神意的。如中国古代所说的"天降下民，作之君，作之师"，及西方古代有些学说，都是神权的政府观。这种政府观的变相，西方近代，仍然有的，而变其名曰"自然"。如德国混国家与政府而一之，不承认个人之自由，把天然的需要，说得神秘莫测似的：这是一种极端的学说。其二，以政府为有害无利，退一步言之，也说为利少而害多。谓政府是用不着的，须得自由组合，自由协商，以自由动作，代替强制。从前政府的强制力，常被军阀官吏滥用之以鱼肉小民，不如爽性地把它去掉，这是无政府主义派所说的。中国的老子，主张此说，西洋希腊到现代也有许多人倡此说的。这两种学说，好似南北二极；于这两极端之中，还有许多主张。我以为今年今日的民国，不谈政治则已；苟谈政治，便不能适用前两种极端的主张。极端的无政府主义，吾无以谥之，只谥之曰奢侈品；为其未完全根据于大多数人的需要故也。但需求也可分两面说：（1）心理的需求；（2）实际的需求。根据这两点，就可确定目标。所假定的这种目标，要是合于大众的心理社会的实际的需要；那么要做什么便做什么；不患政治社会无改良革新的希望了。今日的中国，不但无目标，并且无希望，即由缺少一种公共的目标。这种目标是平常的简明的有公共利益的老生常谈，就是好政府主义。

好政府主义，既不把政府看作神权的，亦不把政府看作绝对的有害无利的，只把政府看作工具，故亦谓之工具的政府观。

什么是工具？这里似乎用不着详细的解释。譬如纸与笔是写字的工具；就黑板上写字，则不用毛笔、铅笔、钢笔而另用粉笔，粉笔亦是工具的一种；用这种工具，可以达到目的。然而造工具者，谁欤？

从前有人说："人是善笑的动物，"这话殊不尽然。又有人说："人是有理性的动物"，这话，证之世上为恶的人，亦颇足使我们怀疑。惟现代法国哲学家柏格森说："人是造工具的动物，"这话是顶对的。其他动物，类皆不能创造工具。就是蜂蚁之勤于工作，也不能制造工具。惟人具有制造工具的天才。所造的工具，能适合于人们之运用。造房屋，用以蔽风雨；造桥梁，造铁路，用以利交通；造弓矢刀剑、枪炮，用以驱猛兽而御外敌：这种种的制造，都不是其他动物所能做的。

但所说的工具，初不限于物质的工具；就是，所造的语言、文字、文学，也无一不是工具；什么家庭制度、社会制度，以及国家的法律，也无一不是工具。政治是人类造出的工具之一种；政府亦是人类造出的工具之一种！

政府既是一种工具，而工具又是应需要而生的，那么政府之由来，我们也可以推知了。

政府何由而来呢？乃由人民的组织渐渐扩大而来。社会中有家族有乡党，凡团体中之利害，与个人的利害，小团体与小团体的利害，或大团体与其他大团体的利害，均不免时有冲突。这冲突委实不是个人所能了的。譬如两人相斗，纠结不解，世世复仇，冤冤相报；若单由他俩自行去了结，一定是办不好的；势必须有第三者做个公共机关去裁判它两面的是非曲直，才能够调解冲突。所以欲消弭个人与个人，小团体与小团体，或小团体与个人交互间的冲突，非有超于小团体及个人的公共机关不可。——这是政府成立的要因。

前面说，政府是人造的一种工具，它的缘起，是为它的大众的公共的需要。那么适应于公共的需要的，便是好政府了。

大抵一种工具，是应用的；以能够应用者为好。这种实用的学说，也有做工具主义的。这工具主义，就是好政府主义的基本观念。

政府是工具，必定要知道这种工具的用处与性质，才可以谈到应用。

政府是有组织的公共的权力。权力为力的一种，要做一事，必须有力；譬如电灯之明亮，是由于有力，鼓打得响，也是由于有力。可是这种有组织的公共的权力，与他种权力不同。假定无这种组织，无公共利益的权力，社会上必免不掉冲突。譬如从前北京的拉车的拉到车马辐辏的前门地方，常常有所谓"挡住道"的事情发生，必要等前等后，乃能走动。为什么这样的拥挤停滞呢？就因为没有公共的秩序，公共的组织，公共的规则。你看上海的浙江路与南京路之间，来往的人数车马，那样繁杂，但只有中国及印度之巡捕，手持不到五尺长的木棍，从容指挥，而两路来来往往的车，便不致拥挤；假使此棍无权力，亦何能指挥一切？惟其有了权力，只用一短小之棍，表示车的行止之使命；而可免掉时间的损失和事情的耽误。政府之权力，足以消弭社会间所有的冲突，亦犹是也。

政治法律，把这种权力组织起来，造作公共的规矩——所谓礼法——以免去无谓的冲突，而可发生最大的效果，这是政府的特别性质。

但是在这些地方，不过想免去冲突，仍然是一种消极的作用；此外还有积极的作用。质言之，不独可免社会间的冲突，亦可促社会全体之进步。

因为人类有天然之惰性，往往狃故常，爱保守，毫无改革求进的志趣；如家庭之世守祖业者，就是这样。惟政府是指挥大众的公共机关，可使社会上的人减少惰力，而增加社会全体进步的速率；有些个人所不能为的事，一入政府手中，便有绝大的效果。

数年前曾主张白话，假如止是这样在野建议，不借政府的权力，去催促大众实行，那就必须一二十年之后，才能发生影响。即使政府中有一部分人，对于这件事，曾欲提倡，也仍然没有多大的效果。现在因为有一道部令，令小学校通同用白话文教授。这样一来，从前反对的人，近来也入国语传习所，变成赞成的了；从前表示赞成的，这时更高兴，更来实行起来了。试思以二三十字之一道好的命令（部命），而可以缩短二十年三十年的少数人鼓吹的工具之实施期间，政府权力之重要，为何如者！

再举禁鸦片烟一事为证，十余年以前的人，以鸦片为请客——甚至请贵客——之珍品；而今却不敢自己吃；从前认为阔绰的情事，而今认为犯法的行为：这亦不外政府权力所使然。自然，有些地方，鸦片还是横行；可是鸦片之所以横行，非有政府之过，乃无政府之过，无好政府之过。试思不好的政府，犹可使有那样的效果，假使有了好政府，鸦片岂有不全被禁绝的吗？

所以政府的组织及权力，如果用之得当，必能得着最大的效果；不但可免社会间交互的冲突，而且可促社会全体的进步。

综前所说：好政府主义有三个基本观念：

（1）人类是造工具的动物，政府是工具的一种。

（2）这种工具的特性，是有组织，有公共目的的权力。

（3）这种工具的效能，可促进社会全体的进步。

以下再说由工具主义的政府观中所得到的益处：

第一，可得到评判的标准。从上面所说的工具主义的政府观中，得着个批评政府的标准。以工具主义的政府观，来批评政府，觉得凡好工具都是应用的，政府完全是谋公共利益及幸福的一种工具；故凡能应公共的需要，谋公共的利益，做到公共的目的，就是好政府，不能为所应为，或为所不应为的，就是坏政府。

第二，可得到民治的原理。政府之为物，不是死板板的工具，是人作的，要防避它的妖怪；《西游记》中的妖怪，加害于唐僧的，如老君的扇子，青牛啦，童子啦，都是工具，只因为主人稍为大意，工具变成了妖怪，就能害人。我们做主人的人民，如果放任政府，不去好好地看守它，这种工具亦必会作怪的。所以在这一点上可得到民治主义的原理。政府这工具，原为我们大多数人民而设，使不善造善用，则受害者亦即在这些老主人。因为人类有劣根性，不可有无限的权力。有之，即好人亦会变坏。"一朝权在手，便把令来行"，免不掉滥用权力以图私利了。所以宜用民治主义去矫正它。虽把权力交给少数人，而老主人不能不常常地监督它，不可不常常地管束它。这是民治主义之浅者，其深义待一涵先生讲之。

第三，可得到革命的原理。刚才说的工具是应用的。不能应用时，便可改换；茶杯漏了换一个，衣服敝了换一件；政府坏了，可改一个好政府——这是浅显的革命原理。所以在工具主义的政府观之下，革命是极平常而且极需要的，并不是希奇事。

上列三项，就是好政府主义的引伸义。

复次，好政府主义的实行，至少须备有几个重要的条件：

（一）要觉悟政治的重要。大家须觉悟政治不好，什么事都不能办。例如教育事业，谁也相信是要紧的，而北京近年的学校，及武昌高师，因为政治不好，相继感受恶影响。且也政治不好，连实业也兴办不成：去年京汉、京浦路上，打仗一礼拜，而中国煤矿业的商人竟损失了二百五十万之巨。今年武昌、宜昌及其他惨遭兵祸的地方，乃至连小生意都做不成。所以好政府主义的实行，第一须有这种觉悟。

（二）要有公共的目标。有了觉悟，而灰心短气，不定下一个目标出来，也不成功。我们简单明了的，人人能懂的，人人承认的公共目标，就是好政府三字。如辛亥革命之目标是排满，其吃亏在此，其成功亦在此。凡研究尽可高深，预备不妨复杂，而目标则贵简要。故我以好政府三字为目标。有了公共的目标，然后便易于实行。

（三）要有好人的结合。有了觉悟，及有了目标，尤须有人组合起来，做公共的有组织的进行。厌世家每叹天下事不可为；我以为天下无不可为之事，只因为好人缩手说不可为，斯不可为矣。故好人须起而进行，从事于公共的有组织有目标的运动：这是谋好政府的实行所必备的第三个重要条件。

三个条件，是必须完全具备而不可缺一的。

诸君！我今天所讲的好政府主义，是平常的简单的浅显的老生常谈；然要知道必得此种老生常谈实现之后，中国乃能有救！

我们的政治主张

发表于《努力周报》等
一九二二年五月十四日

我们为供给大家一个讨论的底子起见,先提出我们对于中国政治的主张,要求大家的批评,讨论,或赞助。

(一)政治改革的目标。我们以为现在不谈政治则已,若谈政治,应该有一个切实的、明了的,人人都能了解的目标。我们以为国内的优秀分子,无论他们理想中的政治组织是什么(全民政治主义也罢,基尔特社会主义也罢,无政府主义也罢),现在都应该平心降格地公认"好政府"一个目标,作为现在改革中国政治的最低限度的要求。我们应该同心协力地拿这共同目标来向国中的恶势力作战。

(二)"好政府"的至少涵义。我们所谓"好政府",在消极的方面是要有正当的机关可以监督防止一切营私舞弊的不法官吏。在积极的方面是两点:

第一,充分运用政治的机关为社会全体谋充分的福利。

第二,充分容纳个人的自由,爱护个性的发展。

(三)政治改革的三个基本原则。我们对于今后政治的改革,有三个基本的要求:

第一,我们要求一个"宪政的政府",因为这是使政治上轨道的第一步。

第二,我们要求一个"公开的政府",包括财政的公开与公开考试式的用人等等;因为我们深信"公开"(Publicity)是打破一切黑幕的唯一武器。

第三，我们要求一种"有计划的政治"，因为我们深信中国的大病在于无计划的漂泊，因为我们深信计划是效率的源头，因为我们深信一个平庸的计划胜于无计划的瞎摸索。

（四）政治改革的唯一下手工夫。我们深信中国所以败坏到这步田地，虽然有种种原因，但"好人自命清高"确是一个重要的原因。"好人笼着手，恶人背着走。"因此，我们深信，今日政治改革的第一步在于好人须要有奋斗的精神。凡是社会上的优秀分子，应该为自卫计，为社会国家计，出来和恶势力奋斗。我们应该回想，民国初元的新气象岂不是因为国中优秀分子加入政治运动的效果吗？当时的旧官僚很多跑到青岛、天津、上海去拿出钱来做生意，不想出来做官了。听说那时的曹汝霖，每天在家关起门来研究宪法！后来好人渐渐地厌倦政治了，跑的跑了，退隐的退隐了；于是曹汝霖丢下他的宪法书本，开门出来了；于是青岛、天津、上海的旧官僚也就一个一个地跑回来做参政咨议总长次长了。民国五六年以来，好人袖手看着中国分裂，看着讨伐西南，看着安福部的成立与猖獗，看着蒙古的失掉，看着山东的卖掉，看着军阀的横行，看着国家破产丢脸到这步田地！——够了！罪魁祸首的好人现在可以起来了！做好人是不够的，须要做奋斗的好人；消极的舆论是不够的，须要有决战的舆论。这是政治改革的第一步下手工夫。

（五）我们对于现在的政治问题的意见。我们既已表示我们的几项普通的主张了，现在我们提出我们的具体主张，供大家的讨论。

第一，我们深信南北问题若不解决，一切裁兵，国会，宪法，财政等等问题，都无从下手。但我们不承认南北的统一是可以用武力做到的。我们主张，由南北两方早日开始正式议和。一切暗地的勾结，都不是我们国民应该承认的。我们要求一种公开的、可以代表民意的南北和会。暗中的勾结与排挤是可耻的，对于同胞讲和并不是可耻的。

第二，我们深信南北没有不可和解的问题。但像前三年的分赃和会是我们不能承认的。我们应该预备一种决战的舆论做这个和会的监督。我们对于议和的条件，也有几个要求：

（1）南北协商召集民国六年解散的国会，因为这是解决国会问题的最简易的方法。

（2）和会应责成国会克期完成宪法。

（3）和会应协商一个裁兵的办法，议定后双方限期实行。

（4）和会一切会议都应该公开。

第三，我们对于裁兵问题，提出下列的主张：

（1）规定分期裁去的兵队，克期实行。

（2）裁废虚额，缺额不准补。

（3）绝对地不准招募新兵。

（4）筹划裁撤之兵的安置办法。

第四，我们主张裁兵之外，还应该有一个"裁官"的办法。我们深信现在官吏实在太多了，国民负担不起。我们主张：

（1）严定中央与各省的官制，严定各机关的员数。如中央各部，大部若干人（如交通部），中部若干人（如农商部），小部若干人（如教育部）。

（2）废止一切咨议顾问等等"干薪"的官吏。各机关各省的外国顾问，除极少数必需的专家之外，一律裁撤。

（3）参酌外国的"文官考试法"，规定"考试任官"与"非考试任官"的范围与升级办法。凡属于"考试任官"的，非经考试，不得委任。

第五，我们主张现在的选举制度有急行改良的必要。我们主张：

（1）废止现行的复选制，采用直接选举制。

（2）严定选举舞弊的法律，应参考西洋各国的《选举舞弊法》（*Corrupt Practice Laws*），详定细目，明定科罚，切实执行。

（3）大大地减少国会与省议会的议员额数。

第六，我们对于财政的问题，先提出两个简单的主张：

（1）彻底的会计公开。

（2）根据国家的收入，统筹国家的支出。

以上是我们对于中国政治的几个主张。我们很诚恳地提出，很诚恳请求全国的人的考虑，批评，或赞助与宣传。

十一，五，十三

提议人	职业
蔡元培	国立北京大学校长
王宠惠	国立北京大学教员
罗文干	国立北京大学教员
汤尔和	医学博士
陶知行	国立东南大学教育科主任
王伯秋	国立东南大学政法经济科主任
梁漱溟	国立北京大学教员
李大钊	国立北京大学图书馆主任
陶孟和	国立北京大学哲学系主任
朱经农	国立北京大学教授
张慰慈	国立北京大学教员
高一涵	国立北京大学教员
徐宝璜	国立北京大学教授
王 征	美国新银行团秘书
丁文江	前地质调查所所长
胡 适	国立北京大学教务长

我的歧路

选自上海亚东图书馆一九二四年版《胡适文存》二集卷三

一 《学衡》杂志社梅光迪君来信

适之吾兄足下：

  《努力周报》所刊政治主张及其他言论，多合弟意。兄谈政治，不趋极端，不涉妄想，大可有功社会，较之谈白话文与实验主义胜万万矣。久不通讯，故特致数语，以见"老梅"宽大公允，毫无成见，毫无偏私也。耑此，即颂撰安。

弟光迪启　五月三十一

二 《晨报·副刊》孙伏庐君来信

适之先生：

  ……我总有一种偏见，以为文化比政治尤其重要；从大多数没有智识的人，决不能产生什么好政治。从前许多抛了文化专谈政治的人现在都碰了头回过来了，为什么先生一定也要去走一走这条不经济的路子？大多数人所以敬仰先生，换言之，"胡适之"三个字之所以可贵，全在先生的革新方法能在思想方面下手，与从前许多革新家不同；换言之，全在先生能作他人所不能做的中国哲学史，能做他人所不能做的国语文学史，能考证他人所不能考证的《红楼梦》，能提倡他人所不能提倡的白话文。现在先生抛弃（或者不完全抛弃，亦必抛弃一部分）这些可宝贵的事业，却来做"政治家与政党"一类文章，我知稍有智识者必知其不值。我们要看"政治家与政党"，什么地方不可以找？我实在为先生的光阴、先生的精神、先生的前途可惜。……先生呵，我是痴想竭我绵薄，将已被政治史夺了去的先生，替文化史争回来，不知能邀先生的垂顾吗？

六月八日，伏庐敬上

三 常乃德君来信

适之先生：

读第四期《努力周报》中伯秋、傅斯棱两先生对于你们的周报的批评我也具有同感，先生的答词我却不敢同意。《〈红楼梦〉考证》、《基督教在欧洲历史上的位置》一类的东西，实在在这里没有登出的必要，勉强凑进去反令阅者失望。不是说这种东西没价值，只是不应该在这种性质的出版物内出现罢了。先生的答词似乎对于此点稍有含混。要知凡鼓吹一件事情不能不把全副精神集中到一点才能引起人的注意。思想文艺不是不要紧，但是你们不妨另外办一种什么东西来另外鼓吹，犯不着和政治问题搅在一处。我们现在所要求的不是包罗万象的作品，只是要一个又直捷又爽快刀刀见血的东西；否则先生们的文章哪一种出版物上不可登，又何必特地摇旗击鼓来办这个东西呢？伯秋先生劝你把这半年工夫全用在政治上，我很赞成。我揣想你们的周刊所以不能期期都有精神者——第三期即很好——大约因没有稿子的原故。这事你不妨独力担任起来。说一句火的话，即使此外一篇文章也没有，你一个人打起精神来包办一下也不是什么难事。何况如高一涵、张慰慈诸先生也都是对政治有兴味的人呢？至于思想文艺的事，先生们这几年提倡的效果也可见了，难道还期望它尚能再进步吗？

总之，我认为民国六年的时代从政治鼓吹到思想文艺是很正当的，现在却又应该转过来从思想文艺吹到政治才行。先生若能迎着这个趋势首先领着大家往前走，——已往的趋势是上山的，从工艺到法政，从法政到思想文艺；现在到了山顶以后便应当往下走了。我们现在只能走这政治的一步，过了这一步再走到工艺的一步，只有科学工艺是康庄大道，但你非过了这政治的一关不成。——则《努力周报》的功劳必不在《新青年》之下。至于别人的造谣攻击倒算不了什么一回事。

乃德上言 六月二日

四 我的自述

以上三篇通信，梅先生是向来不赞成我谈思想文学的，现在却极赞成我谈政治；孙先生是向来最赞成我谈思想文学的，现在很恳挚地怪我不该谈政治；常先生又不同了，他并非不赞成我谈思想文学，他只希望我此时把全副精神用在政治上。——这真是我的歧路了！

我在这三岔路口，也曾迟回了三年；我现在忍着心肠来谈政治，一只脚已踏上东街，一只脚还踏在西街，我的头还是回望着那原来的老路上！伏庐的怪我走错了路，我也可以承认；燕生怪我精神不贯注，也是真的。我要我的朋友们知道我所以"变节"与"变节而又迟回"的原故，我不能不写一段自述的文章。

我是一个注意政治的人。当我在大学时，政治经济的功课占了我三分之一的时间。当一九一二至一九一六年，我一面为中国的民主辩护，一面注意世界的政治。我那时是世界学生会的会员，国际政策会的会员，联校非兵会的干事。一九一五年，我为了讨论中日交涉的问题，几乎成为众矢之的。一九一六年，我的国际非攻论文曾得最高奖金。但我那时已在中国哲学史上的研究上寻着我的终身事业了，同时又被一班讨论文学问题的好朋友逼上文学革命的道路了。从此以后，哲学史成了我的职业，文学做了我的娱乐。

一九一七年七月我回国时，船到横滨，便听见张勋复辟的消息；到了上海，看了出版界的孤陋，教育界的沉寂，我方才知道张勋的复辟乃是极自然的现象，我方才打定二十年不谈政治的决心，要想在思想文艺上替中国政治建筑一个革新的基础。我这四年多以来，写了八九十万字的文章，内中只有一篇曾琦《国体与青年》的短序是谈政治的，其余的文字都是关于思想与文艺的。

一九一八年十二月，我的朋友陈独秀、李守常等发起《每周评论》。那是一个谈政治的报，但我在《每周评论》做的文字总不过是小说文艺一类，不曾谈过政治。直到一九一九年六月中，独秀被捕，我接办《每周评论》，方才有不能不谈政治的感觉。那时正当安福部极盛的时代，上海的分赃和会还不曾散伙。然而国内的"新"分子闭口不谈具体的政治问题，却高谈什么无政府主义与马克思主义。我看不过了，忍不住了，——因为我是一个实验主义的信徒，——于是发愤要想谈政治。我在《每周评论》第三十一号里提出我的政论的导言，叫做《多研究些问题，少谈些主义！》。我那时说：

> 我们不去研究人力车夫的生计，却去高谈社会主义；……不去研究安福部如何解散，不去研究南北问题如何解决，却去高谈无政府主义：我们还要得意扬扬地夸口道："哦们所谈的是根本解决"。老实说罢，这是自欺欺人的梦话，这是中国思想界破产的铁证，这是中国社会改良的死刑宣告！……
>
> 高谈主义，不研究问题的人，只是畏难求易，只是懒！

但我的政论的"导言"虽然出来了，我始终没有做到"本文"的机会！我的导言引起了无数的抗议：北方的社会主义者驳我，南方的无政府主义者痛骂我。我第三次替这篇导言辩护的文章刚排上版，《每周评论》就被封禁了；我的政论文章也就流产了。

《每周评论》是一九一九年八月三十日被封的。这两年零八个月之中，忙于病，使我不能分出工夫来做舆论的事业。我心里也觉得我的哲学文学事业格外重要，实在舍不得丢了我的旧恋来巴结我的新欢。况且几年不谈政治的人，实在不容易提起一股高兴来作政论的文章，心里总想国内有人起来干这种事业，何必要我来加一忙呢？

然而我等候了两年零八个月，中国的舆论界仍然使我大失望。一班"新"分子天天高谈基尔特社会主义与马克思社会主义，高谈"阶级战争"与"赢余价值"；内政腐败到了极处，他们好像都不曾看见，他们索性把"社论""时评"都取消了，拿那马克思——克洛泡特金——爱罗先柯的附张来做挡箭牌，掩眼法！外交的失败，他们确然也还谈谈，因为骂日本是不犯禁的；然而华盛顿会议中，英美调停，由中日两国代表开议，国内的报纸就加上一个"直接交涉"的名目。直接交涉是他们反对过的，现在这个莫名其妙的东西又叫做"直接交涉"了，所以他们不能不极力反对。然而他们争的是什么呢？怎样才可以达到目的呢？是不是要日本无条件地屈伏呢？外交问题是不是可以不交涉而解决呢？这些问题就很少人过问了。

我等候两年零八个月，实在忍不住了。我现在出来谈政治，虽是国内的腐败政治激出来的，其实大部分是这几年的"高谈主义而不研究问题"的"新舆论界"把我激出来的。我现在的谈政治，只是实行我那"多研究问题，少谈主义"的主张。我自信这是和我的思想一致的。梅迪生说我谈政治"较之谈白话文与实验主义胜万万矣"，他可错了；我谈政治只是实行我的实验主义，正如我谈白话文也只是实行我的实验主义。

实验主义自然也是一种主义，但实验主义只是一个方法，只是一个研究问题的方法。它的方法是：细心搜求事实，大胆提出假设，再细心求实证。一切主义，一切学理，都只是参考的材料，暗示的材料，待证的假设，绝不是天经地义的信条。实验主义注重在具体的事实与问题，故不承认根本的解决。他只承认那一点一滴做到的进步，——步步有智慧的指导，步步有自动的实验，——才是真进化。

我这几年的言论文字，只是这一种实验主义的态度在各方面的应用。我的唯一目的是要提倡一种新的思想方法，要提倡一种注重事实，服从证验的思想方法。古文学的推翻，白话文学的提倡，哲学史的研究，《水浒》、《红楼梦》的考证，一个"了"字或"们"字的历史，都只是这一个目的。我现在谈政治，也希望在政论界提倡这一种"注重事实，尊崇证验"的方法。

我的朋友们，我不曾"变节"；我的态度是如故的，只是我的材料与实例变了。

孙伏庐说他想把那被政治史夺去的我，替文化史夺回来。我很感谢他的厚意。但我要加一句：没有不在政治史上发生影响的文化；如果把政治划出文化之外，那就又成了躲懒的，出世的，非人生的文化了。

至于我精神不能贯注在政治上的原因，也是很容易明白的。哲学是我的职业，文学是我的娱乐，政治只是我的一种忍不住的新努力。我家中政治的书比其余的书，只成一与五千的比例，我七天之中，至多只能费一天在《努力周报》上；我做一段二百字的短评，远不如做一万字《李觏学说》的便利愉快。我只希望提倡这一点"多研究问题，少谈主义"的政论态度，我最希望国内爱谈政治又能谈政治的学者来霸占这个周报。以后我七天之中，分出一天来替他们编辑整理，其余六天仍旧去研究我的哲学与文学，那就是我的幸福了。

我很承认常燕生的责备，但我不能承认他责备的理由。他说：

> 至于思想文艺等事，先生们这几年提倡的效果也可见了，难道还期望它尚能再有进步吗？

他下文又说"现在到了山顶以后，便应当往下走了。"这些话我不大懂得。燕生决不会承认现在的思想文艺已到了山顶，不能"再有进步"了。我对于现今的思想文艺，是很不满意的。孔丘、朱熹的奴隶减少了，却添上了一班克洛泡特金的奴隶；陈腐的古典主义打倒了，却换上了种种浅薄的新典主义。我们"提倡有心，创造无力"的罪名是不能避免的。这也是我在这歧路上迟回瞻顾的一个原因了。

十一，六，十六

请大家来照照镜子

原载《生活》周刊第三卷第四六期
一九二八年九月三十日

　　美国使馆的商务参赞安诺德先生制成这三张图表：第一表是中国人口的分配表，表示中国的人口问题不在过多，而在于分配得太不均匀，在于边省的太不发达。第二表是中国和美国的经济状况、生产能力、工业状态的比较，处处叫我们照照镜子，照出我们自己的百不如人。第三表是美国在世界上占的地位，也是给我们做一面镜子用的，叫我们生一点羡慕，起一点惭愧。

　　去年他把这几张图表送给我看，我便力劝他在中国出版。他答应了之后，又预备了一篇长序，题目就叫做"中国问题里的几个根本问题"。他指出中国今日有三个大问题：

　　第一，怎样赶成全国铁路的干线，使全国的各部分有一个最经济的交通机关。

　　第二，怎样用教育及种种节省人力、帮助人力的机器，来增加个人生产的能力。

　　第三，怎样养成个人对于保管事业的责任心。

　　这是中国今日的三个根本问题。

　　安诺德先生的第二表里有这些事实：

	面积（方英里）	铁道线（英里）	摩托车
中国	4278000	7000	22000
美国	3743500	250000	22000000

我们的面积比美国大，但铁道线只抵得人家三十六分之一，摩托车只抵得人家三千分之一，汽车路只抵得人家一百分之一。

我们试睁开眼睛看看中国的地图。长江以南，没有一条完成的铁路干线。京汉铁路以西，三分之二以上的疆域，没有一条铁路干线。这样的国家不成一个现代国家。

前年北京开全国商会联合会，一位甘肃代表来赴会，路上走了一百零四天才到北京。这样的国家不成一个国家。

云南人要领法国护照，经过安南，方才能到上海。云南汇一百元到北京，要三百元的汇水！这样的国家决不成一个国家。

去年胡若愚同龙云在云南打仗，打的个你死我活，南京的中央政府有什么法子？现在杨森同刘湘在四川又打的个你死我活，南京的中央政府又有什么法子？这样的国家能做到统一吗？

所以现在的第一件事是造铁路。完成粤汉铁路，完成陇海铁路，赶筑川汉、川滇、宁湘等等干路，拼命实现孙中山先生十万里铁路的梦想，然后可以有统一的可能，然后可以说我们是个国家。

所以第一个大问题是怎样赶成一副最经济的交通系统。

安诺德先生的第二表里又有这点事实：

美国人每人有二十五个机械奴隶。

中国人每人只有大半个机械奴隶。

去年三月份的《大西洋月报》里，有个美国工程专家说：

美国人每人有三十个机械奴隶。

中国人每人只有一个机械奴隶。

安诺德先生说：美国人有了这些有形与无形的机械奴隶，便可以增进个人的生产能力；故从实业及经济的观点上说，美国一百十兆的人民，便可以有二十五倍至三十倍人口的经济效能。

人家早已在海上飞了，我们还在地上爬！人家从巴黎飞到北京，只须六十三点钟；我们从甘肃到北京，要走一百零四天（二千五百点钟）！

一个英国工人每年出十二个先令（六元），他的全家便可以每晚坐在家里听无线电传来的世界最美的音乐、歌唱、演说；每晚上只费银元一分七厘而已。而我们在上海遇着紧急事，要打一个四等电报到北京，每十个字须费银元一元八角！还保不住何时能送到！

人家的砖匠上工，可以坐自己的摩托车去了；他的子女上学，可以有公家汽车接送了。我们杭州、苏州的大官上衙门还得用人做牛马！

何以有这个大区别呢？因为人家每人有三十个机械奴隶代他做工，帮他做工，而我们却得全靠赤手空拳，——我们的机械奴隶是一根扁担挑担子。四个轿夫换抬的轿子，三个车夫轮租的人力车！

我们的工人是苦力。人家的工人是许多机械奴隶的指挥官。

故第二个大问题是怎样利用机器来灭除人的痛苦，增加人的生产能力，提高人的幸福。

安诺德先生是外国人，所以他对于第三个问题说得很客气，很委婉。他只说：

保管责任之观念，在华人中无论如何努力终不能确立其稳定之意义。其故盖在此偏爱亲人一点。而此点又与中国家族制度有密切关系。此弊为状不一，根深而普遍。欲将家属之责任与现代团体所负保管的责任之适当关系注入于中国人之脑中，须得千钧气力从事之。

这几句话虽然说得委婉，然而也很够使我们惭愧汗下了。

这个问题，其实只是"公私不分"四个字。古话说的："一子成佛，一家升天"。古话又说："一人得道，鸡犬登仙"。仙佛尚且如此，何况吃肉的官人？何况公司的经理董事？

几千年来，大家好像都不曾想想，得道成佛既是那样很艰难的事，为什么一人功行圆满以后，他们全家鸡犬也都可以跟着登天？最奇怪的就是今日的新官吏也不能打破这种旧习气。

最近招商局的一个分局的讼案便是最明显的例子。据报纸所载，一个家长做了名义上的局长，实际上却是他的子侄亲戚执行他的职务，弄得弊端百出，亏空到几十万元。到了法庭上，这位家长说他竟不知道他是局长！

招商局的全部历史，节节都是缺乏保管的责任心的好例子。我们翻开《国民政府清查整理招商局委员会报告书》，竟同看《官场现形记》一样，处处都是怪现状。上册五十九页说：

查自壬戌至丙寅最近五年内，历年亏折总额计有四百三十七万余两。然总沪局每年发给员司酬劳金，五年共计二十四万五千九百九十四两。查自癸亥年来，股东未获得分文息金，乃局中员司独享此厚酬。

又六十页说：

修理费总计每年约六七十万两。……而内河厂（所承办）实居最多数，约占全额之半。查丙寅年内河厂共计修理费三十一万四千余两。……惟内河厂既系该局附属分支机关，内部办事人员当然与该局办事者关系甚密。……曾经本会函调账籍备查，而该厂忽以账房失踪，账簿遗失呈报。内中情形不问可知矣。

这样的轻视保管的责任，便是中国的大工业与大商业所以不能发达的大原因。怎样救济呢？安诺德先生说：

天下人性同为脆弱。社会与个人之关系愈互相错综依赖，则制定种种适当之保卫……愈为急需矣。

人性是不容易改变的，公德也不是一朝一夕造成的。故救济之道不在乎妄想人心大变，道德日高，乃在乎制定种种防弊的制度。中国有句古话说："先小人后君子。"先要承认人性的脆弱，方才可以期望大家做君子。故有公平的考试制度，则用人可以无私；有精密的簿记与审计，则账目可以无弊。制度的训练可以养成无私无弊的新习惯。新习惯养成之后，保管的责任心便成了当然的事了。

这是安诺德先生提出的三个大问题。

用铁路与汽车路来做到统一，用教育与机械来提高生产，用防弊制度来打倒贪污：这才是革命，这才是建设。

但依我看来，要解决这三个大问题，必须先有一番心理的建设。所谓心理的建设，并不仅仅是孙中山先生所谓"知难行易"的学说，只是一种新觉悟，一种新心理。

这种急需的新觉悟就是我们自己要认错。我们必须承认我们自己百事不如人，不但物质上不如人，不但机械上不如人，并且政治社会道德都不如人。

何以百事不如人呢？

不要尽说是帝国主义者害了我们。那是我们自己欺骗自己的话！我们要睁开眼睛看看日本近六十年的历史，试想想何以帝国主义的侵略压不住日本的发愤自强？何以不平等条约捆不住日本的自由发展？

何以我们跌倒了便爬不起来呢？

因为我们从不曾悔祸，从不曾彻底痛责自己，从不曾彻底认错。二三十年前，居然有点悔悟了，所以有许多遣责小说出来，暴扬我们自己官场的黑暗，社会的卑污，家庭的冷酷。十余年来，也还有一些人肯攻击中国的旧文学，旧思想，旧道德宗教，——肯承认西洋的精神文明远胜于我们自己。但现在这一点点悔悟的风气都消灭了。现在中国全部弥漫着一股夸大狂的空气：义和团都成了应该崇拜的英雄志士，而西洋文明只须"帝国主义"四个字便可轻轻抹杀！政府下令提倡旧礼教，而新少年高呼："打倒文化侵略！"

我们全不肯认错。不肯认错，便事事责人，而不肯责已。

我们到今日还迷信口号标语可以打倒帝国主义。我们到今日还迷信不学无术可以统治国家。我们到今日还不肯低头去学人家治人富国的组织与方法。

所以我说，今日的第一要务是要造一种新的心理：要肯认错，要大彻大悟地承认我们自己百不如人。

第二步便是死心塌地地去学人家。老实说，我们不须怕模仿。"学之为言效也"，这是朱子的老话。学画的，学琴的，都要跟别人学起；学得纯熟了，个性才会出来，天才才会出来。

一个现代国家不是一堆昏庸老朽的头脑造得成的，也不是口号、标语喊得出来的。我们必须学人家怎样用铁轨、汽车、电线、飞机、无线电，把血脉贯通，把肢体变活，把国家统一起来。我们必须学人家怎样用教育来打倒愚昧，用实业来打倒贫穷，用机械来征服自然，抬高人的能力与幸福。我们必须学人家怎样用种种防弊的制度来经营商业，办理工业，整理国家政治。

只要我们有决心，这三个大问题容易解决。譬如粤汉铁路还缺二百八十英里，约需六千万元才造得起。多少年来，我们都说这六千万元哪里去筹。然而国民政府在这一年之中便发了近一万万元的公债，不但够完成粤汉铁路，还可以造大铁桥贯通武昌汉口了。

义务教育办不成，也只因经费没有。然而今日全国各方面每天至少要用一百万元的军费（这是财政部次长的估计）。一个国家肯用三万六千万元一年的军费，而不能给全国儿童两年至四年的义务教育，这是不能呢？还是不肯呢？

所以我们应该感谢安诺德先生，感谢他给我们几面好镜子，让我们照见自己的丑态，更感谢他肯对我们说许多老实话，教我们生点愧悔，引起我们点向上的决心。

我很盼望我们不至于辜负了他这一番友谊的忠告。

一九二八，六，二四夜

我们走哪条路

原载《新月》第三卷第十号
一九三〇年四月

缘 起

我们几个朋友在这一两年之中常常聚谈中国的问题，各人随他的专门研究，选定一个问题，提出论文，供大家的讨论。去年我们讨论的总题是"中国的现状"，讨论的文字也有在《新月》上发表的。如潘光旦先生的《论才丁两旺》（《新月》二卷四号），如罗隆基先生的《论人权》（《新月》二卷五号），都是用讨论的文字改作的。

今年我们讨论的总题是"我们怎么解决中国的问题？"分了许多子目，如政治、经济、教育，等等，由各人分任。但在分配题目的时候，就有人提议说："在讨论分题之前，我们应该先想想我们对于这些各个问题有没有一个根本的态度。究竟我们用什么态度来看中国的问题？"几位朋友都赞成有这一篇概括的引论，并且推我提出这篇引论。

这篇文字是四月十二夜提出讨论的。当晚讨论的兴趣的浓厚鼓励我把这篇文字发表出来，供全国人的讨论批评。以后别位朋友讨论政治、经济等等各个问题的文字也会陆续发表。

十九，四，十三，胡 适

我们今日要想研究怎样解决中国的许多问题，不可不先审查我们对于这些问题根本上抱什么态度。这个根本态度的决定，便是我们走的方向的决定。古人说得好：

> 今夫盲者行于道，人谓之左则左，谓之右则右。遇君子则得其平易，遇小人则蹈于沟壑。（《淮南·氾论训》，文字依《意林》引）

这正是我们中国人今日的状态。我们平日都不肯彻底想想究竟我们要一个怎样的社会国家，也不肯彻底想想究竟我们应该走哪一条路才能达到我们的目的地。事到临头，人家叫我们向左走，我们便撑着旗，喊着向左走；人家叫我们向右走，我们也便撑着旗，喊着向右走。如果我们的领导者是真真睁开眼睛看过世界的人，如果他们确是睁着眼睛领导我们，那么，我们也许可以跟着他们走上平阳大路上去。但是，万一我们的领导者也都是瞎子，也在那儿被别人牵着鼻子走，那么，我们真有"盲人骑瞎马，夜半临深池"的大危险了。

我们不愿意被一群瞎子牵着鼻子走的人，在这个时候应该睁开眼睛看看面前有几个岔路，看看哪一条路引我们到哪儿去，看看我们自己可以并且应该走哪一条路。

我们的观察和判断自然难保没有错误，但我们深信自觉的探路总胜于闭了眼睛让人牵着鼻子走。我们并且希望公开地讨论我们自己探路的结果，可以使我们得着更正确的途径。

在我们探路之前，应该先决定我们要到什么地方去——我们的目的地。这个问题是我们的先决问题，因为如果我们不想到那儿去，又何必探路呢？

现时对于这个目的地，至少有这三种说法：

（1）中国国民党的总理孙中山说，国民革命的"目的在于求中国之自由平等"。

（2）中国青年党（国家主义者）说，国家主义的运动"就是要国家能够独立，人民能够自由，而在国际上能够站得住的种种运动"。

（3）中国共产党现在分化之后，理论颇不一致；但我们除去他们内部的所谓斯大林——托洛斯基之争，可以说他们还有一个共同目的地，就是"巩固苏联无产阶级专政，拥护中国无产阶级革命"。

我们现在的任务不在讨论这三个目的地，因为这种讨论徒然引起无益的意气，而且不是一千零一夜打得了的笔墨官司。

我们的任务只在于充分用我们的知识，客观地观察中国今日的实际需要，决定我们的目标。我们第一要问，我们要铲除的是什么？这是消极的目标。第二要问，我们要建立的是什么？这是积极的目标。

我们要铲除打倒的是什么？我们的答案是：

我们要打倒五个大仇敌：

  第一大敌是贫穷。

  第二大敌是疾病。

  第三大敌是愚昧。

  第四大敌是贪污。

  第五大敌是扰乱。

这五大仇敌之中，资本主义不在内，因为我们还没有资格谈资本主义。资产阶级也不在内，因为我们至多有几个小富人，哪有资产阶级？封建势力也不在内，因为封建制度早已在二千年前崩坏了。帝国主义也不在内，因为帝国主义不能侵害那五鬼不入之国。帝国主义为什么不能侵害美国和日本？为什么偏爱光顾我们的国家？岂不是因为我们受了这五大恶魔的毁坏，遂没有抵抗的能力了吗？故即为抵抗帝国主义起见，也应该先铲除这五大敌人。

这五大敌人不是我们详细证明的。余天休先生曾说中国人口百分之九十五在贫穷线之下。张振之先生（《目前中国社会的病态》）估计贫民数目占全国人口三分之一以上。张先生引四川李敬穆先生的话，说：依据甘布尔、狄麦尔，以及北京的成府，安徽的湖边村的调查，中国穷人总数当占全国人口百分之五十。（李先生假定一家最低生活费为一三〇元至一六〇元，凡一家庭每年收入在这数目以下，便是穷人）。近来所得社会调查的结果，如李景汉先生《北平郊外之乡村家庭》等书所报告，都可以证明李敬穆先生的估计是大体不错的。有些地方的穷人竟在百分之七十三以上（李景汉调查北平郊外挂甲屯的结果），或竟至百分之八十二以上（民十一华洋义赈会调查结果）。这就离余天休先生的估计不远了。这是我们的第一大敌。

疾病是我们种弱的大原因。瘟疫的杀人，肺结核、花柳病的杀人灭族，这都是看得见的。还有许多不明白杀人而势力可以毁灭全村，可以衰弱全种的疾病，如疟疾便是最危险又最普遍的一种。近年有科学家说希腊之亡是由于疟疾，罗马的衰亡也由于疟疾。这话我们听了也许不相信。但我们在中国内地眼见整个的村庄渐渐被疟疾毁为荆棘地，眼见害疟疾的人家一两代后人丁绝灭，眼见有些地方竟认疟疾为与生俱来不可避免的病痛（我们徽州人叫它做"胎疟"，说人人都得害一次的！），我们不得不承认疟疾的可怕甚于肺结核，甚于花柳，甚于鸦片。在别的国家，疟疾是可以致死的，故人知道它可怕。中国人受疟疾的侵害太久了，养成了一点抵抗力，可以苟延生命，不致于立死，故人都不觉其可怕。其实正因为它杀人不见血，灭族不留痕，故格外可怕。我们没有人口统计，但世界学者近年都主张中国人口减少而不见增加。我们稍稍观察内地的人口减少的状态，不能不承认此说的真确。张振之先生在他的《目前中国社会的病态》里，引了一些最近的各地统计，无一处不是死亡率超过出生率的。例如：

  广州市 十七年五月到八月 每周死亡超过出生平均为六十人。

  广州市 十七年八月到十一月 每周死亡超过出生平均六七十人。

  南京市 十七年一月到十一月 平均每月多死二百七十一人，每周平均多死六十二人。

  不但城市如此，内地人口减少的速度也很可怕。我在三十年之中就亲见家乡许多人家绝嗣衰灭。疾病瘟疫横行无忌，医药不讲究，公共卫生不讲究，哪有死亡不超过出生的道理？这是我们的第二大敌。

  愚昧是更不须我们证明的了。我们号称五千年的文明古国，而没有一个三十年的大学。（北京大学去年十二月满三十一年，圣约翰去年十二月满五十年，都是连初期幼稚时代计算在内。）在今日的世界，哪有一个没有大学的国家可以竞争生存的？至于每日费一百万元养兵的国家，而没有钱办普及教育，这更是国家的自杀了。因为愚昧，故生产力低微，故政治力薄弱，故知识不够救贫、救灾、救荒、救病，故缺乏专家，故至今日国家的统治还在没有知识学问的军人政客手里。这是我们的第三大敌。

  贪污是我们这个民族的最大特色。不但国家公开"捐官"曾成为制度，不但二十五年没有考试任官制度之下的贪污风气更盛行，这个恶习惯其实已成了各种社会的普遍习惯，正如亨丁顿说的：

> 中国人生活里有一件最惹厌的事，就是有一种特殊的贪小利行为，文言叫做"染指"，俗语叫做"揩油"。上而至于官军的克扣军粮，地方官吏的刮地皮，庶务买办的赚钱，下而至于家里老妈子的"揩油"，都是同性质的行为。

这是我们的第四大敌。

扰乱也是最大的仇敌。太平天国之乱毁坏了南方的精华区域，六七十年不能恢复。近二十年中，纷乱不绝，整个的西北方是差不多完全毁了，东南、西南的各省也都成了残破之区，土匪世界。美国生物学者卓尔登（David Starr Jordan）曾说，日本所以能革新强盛，全靠维新以前有了二百五十年不断的和平，积养了民族的精力，才能够发愤振作。我们眼见这二十年内战的结果，贫穷是更甚了，疾病死亡是更多了，教育是更破产了，——避兵避匪逃荒逃死还来不及，哪能办教育？——租税是有些省份预征到民国一百多年的了，贪污是更明目张胆的了（半官办的《中国评论周报》本年一月三十日社论说，民国成立以来，官吏贪污更甚于从前。），然而还有无数人天天努力制造内乱！这是我们的第五大仇敌。

以上略述我们认为应该打倒的五大仇敌。毁灭这五鬼，便是同时建立我们的新国家。我们要建立的是什么？

我们要建立一个治安的，普遍繁荣的，文明的，现代的统一国家。

"治安的"包括良好的法律政治，长期的和平，最低限度的卫生行政。"普遍繁荣的"包括安定的生活，发达的工商业，便利安全的交通，公道的经济制度，公共的救济事业。"文明的"包括普遍的义务教育，健全的中等教育，高深的大学教育，以及文化各方面的提高与普及。"现代的"总括一切适应现代环境需要的政治制度，司法制度，经济制度，教育制度，卫生行政，学术研究，文化设备，等等。

这是我们的目的地。我们深信：决没有一个"治安的，普遍繁荣的、文明的，现代的统一国家"而不能在国家上享受独立，自由，平等的地位的。我们不看见那大战后破产而完全解除军备的德国在战败后八年被世界列国恭迎入国际联盟，并且特别为它设一个长期理事名额吗？

目的地既定，我们才可以问：我们应该用什么法子，走哪一条路，才可以走到那目的地呢？

我们一开始便得解决一个歧路的问题：还是取革命的路呢？还是走演进（evolution）的路呢？还是另有第三条路呢？——这是我们的根本态度和方法的问题。

革命和演进本是相对的，比较的，而不是绝对相反的。顺着自然变化的程序，如瓜熟蒂自落，如九月胎足而产婴儿，这是演进。在演进的某一阶段上，加上人功的促进，产生急骤的变化；因为变化来的急骤，表面上好像打断了历史上的连续性，故叫做革命。其实革命也都有历史演进的背景，都有历史的基础。如欧洲的"宗教革命"，其实已有了无数次的宗教革新运动作历史的前锋，如中古晚期的唯名论（Nominalism）的思想，如十三世纪以后的文艺复兴的潮流，如弗朗西斯派的和平的改革，如威克立夫（Wyclif）和赫司（Huss）等人的比较急进的改革，如各国的君主权力的扩大，这都是十六世纪的宗教革命的历史背景。火药都埋好了，路得等人点着火线，于是革命爆发了。故路得等人的宗教革新运动可以叫作革命，也未尝不可以是历史演进的一个阶段。

又如所谓"工业革命"，更显出历史逐渐演进的痕迹，而不是急骤的革命。基本的机械知识，在十六世纪已渐渐发明了；十六世纪已有专讲机器的书了，十七世纪已是物理的科学很发达的时代了，故十八世纪后半的机器生产方法，其实只是几百年逐渐积聚的知识与经验的结果。不过瓦特（Watt）的蒸汽机出世以后，机器的动力根本不同了，表面上便呈现一个骤变的现象，故我们叫这个时代做工业革命时代。其实生产方式的革新，前面可以数到十五六世纪，后面一直到我们今日还在不断地演进。

政治史上所谓"革命"，也都是不断的历史演进的结果。美国的独立，法国的大革命，俄国的一九一七的两次革命，都有很长的历史背景。莫斯科的"革命博物馆"把俄国大革命的历史一直追溯到三四百年前的农民暴动，便是这个道理。中国近年的革命至少也可以从明末叙起。

所以革命和演进只有一个程度上的差异，并不是绝对不相同的两件事。变化急进了，便叫做革命；变化渐进，而历史上的持续性不呈露中断的现状，便叫做演进。但在方法上，革命往往多含一点自觉的努力，而历史演进往往多是不知不觉的自然变化。因为这方法上的不同，在结果上也有两种不同：第一，无意的自然演变是很迟慢的，是很不经济的，而自觉的人功促进往往可以缩短改革的时间。第二，自然演进的结果往往留下许多久已失其功用的旧制度和旧势力，而自觉的革命往往能多铲除一些陈腐的东西。在这两点上，自觉的革命都优于不自觉的演进。

但革命的根本方法在于用人功促进一种变化，而所谓"人功"有和平与暴力的不同。宣传鼓吹，组织与运动，使少数人的主张逐渐成为多数人的主张，或由立法，或由选举竞争，使新的主张能替代旧的制度，这是和平的人功促进。而在未上政治轨道的国家，旧的势力滥用压力摧残新的势力，反对的意见没有法律的保障，故革新运动往往不能用和平的方法公开活动，往往不能不走上武力解决的路上去。武力斗争的风气既开，而人民的能力不够收拾已纷乱的局势，于是一乱再乱，能发而不能收，能破坏而不能建设，能扰乱而不能安宁，如中美洲的墨西哥，如今日的中国，皆是最明显的例子。

武力暴动不过是革命方法的一种，而在纷乱的中国却成了革命的唯一方法，于是你打我叫作革命，我打你也叫作革命。打败的人只图准备武力再来革命。打胜的人也只能时时准备武力防止别人用武力来革命。这边刚一打平，又得招兵购械，筹款设计，准备那一边来革命了。他们主持胜利的局面，最怕别人来革命，故自称为"革命的"，而反对的人都叫作"反革命"。然而孔夫子正名的方法终不能叫人不革命；而终日凭借武力提防革命也终不能消除革命。于是人人自居于革命，而革命永远是"尚未成功"，而一切兴利除弊的改革都搁起不做不办。于是革命便完全失掉用人功促进改革的原意了。

我们认为今日所谓"革命"，真所谓"天下多少罪恶假汝之名以行"。用武力来代替武力，用这一班军人来推倒那一班军人，用这一种盲目势力来替代那一种盲目势力，这算不得真革命。至少这种革命是没有多大意义的，没有多大价值的。结果只是兵化为匪，匪化为兵，兵又化为匪，造成一个兵匪世界而已。于国家有何利益？于人民有何利益？

就是那些号称有主张的革命者，喊来喊去，也只有抓住几个抽象名词在那里变戏法，有一班人天天对我们说："中国革命的对象是封建阶级。"又有一班人天天说："中国革命的对象是封建势力。"我们孤陋寡闻的人，就不知道今日中国有些什么封建阶级和封建势力。我们研究这些高喊打倒封建势力的先生们的著作言论，也寻不着一个明了清楚的指示。

……①那么，这个革命的对象——封建势力——究竟是什么东西呢？去年《大公报》上登着一位天津市党部的某先生的演说，说封建势力是军阀，是官僚，是留学生。去年某省党部提出一个铲除封建势力的计划，里面所举的封建势力包括一切把持包办以及含有占有性的东西，故祠堂，同乡会，同学会都是封建势力。然而现代的把持包办最含占有性的政党却不在内。所以我们直到今天还不明白究竟什么东西是封建势力。前几天我们看见中国共产党中的"反对派"王阿荣、陈独秀等八十一人的"我们的政治意见书"，其中有这么一段：

> 我们以为：说中国现在还是封建社会和封建势力的统治，把资产阶级的反动性及一切反动行为都归到封建，这不但是说梦话，不但是对于资产阶级的幻想，简直是有意的为资产阶级的辩护士！其实在经济上，中国封建制度之毁坏，土地权归了自由地主与自由农民，政权归了国家，比欧洲任何国家都早。……土地早已是个人私有的资本而不是封建的领地，地主已资本家化，城市及乡村所遗留一些封建式的剥削，乃是资本主义袭用旧的剥削方法；至于城市乡村各种落后的现象，乃是生产停滞，农村人口过剩，资本主义落后国共有的现象，也并不是封建产物。

封建先生地下有知，应该叩头感谢陈独秀先生等八十一位裁判官宣告无罪的判决书。但独秀先生们一面判决了封建制度的无罪，一面又捉来了一个替死鬼，叫作资产阶级，硬定它为革命的对象。然而同时他们又告诉我们，中国"生产停滞，人口过剩，资本主义落后"，本国的银行资本不过在一万五千万元以上。在一个四万万人的国家里，止有一万五千万元的银行资本，资产阶级只好在显微镜底下去寻了，这个革命的对象也就够可怜了，不如索性开恩也宣告无罪，放它去罢。

以上所说，不过是要指出今日所谓有主义的革命，大都是向壁虚造一些革命的对

---

① 此处有删节。

象,然后打倒那个自造的革命对象;好像捉妖的道士,先造出狐狸精、山魈、木怪等等名目,然后画符念咒用桃木宝剑去捉妖。妖怪是收进葫芦去了,然而床上的病人仍旧在那儿呻吟痛苦。

我们都是不满意于现状的人,我们都反对那懒惰的"听其自然"的心理。然而我们仔细观察中国的实际需要和中国在世界的地位,我们也不能不反对现在所谓"革命"的方法。我们很诚恳地宣言:中国今日需要的,不是那用暴力专制而制造革命的革命,也不是那悬空捏造革命对象因而用来鼓吹革命的革命。在这一点上,我们宁可不避"反革命"之名,而不能主张这种种革命。因为这种种革命都只能浪费精力,煽动盲动残忍的劣根性,扰乱社会国家的安宁,种下相残害相屠杀的根苗,而对于我们的真正敌人,反让他们逍遥自在,气焰更凶,而对于我们所应该建立的国家,反越走越远。

我们的真正敌人是贫穷,是疾病,是愚昧,是贪污,是扰乱。这五大恶魔是我们革命的真正对象,而它们都不是用暴力革命所能打倒的。打倒这五大敌人的真革命只有一条路,就是认清了我们的敌人,认清了我们的问题,集合全国的人才智力,充分采用世界的科学知识与方法,一步一步地做自觉的改革,在自觉的指导之下,一点一滴地收不断的改革之全功。不断的改革收功之日,即是我们的目的地达到之时。

这个根本态度和方法,不是懒惰的自然演进,也不是盲目的暴力革命,也不是盲目的口号标语式的革命,只是用自觉的努力做不断的改革。

这个方法是很艰难的,但是我们不承认别有简单容易的方法。这个方法是很迂缓的,但是我们不知道有更快捷的路子。我们知道,喊口号贴标语不是更快捷的路子。我们知道,机关枪对打不是更快捷的路子。我们知道,暴动与屠杀不是更快捷的路子。然而我们又知道,用自觉的努力来指导改革,来促进变化,也许是最快捷的路子,也许人家需要几百年逐渐演进的改革,我们能在几十年中完全实现。

最要紧的一点是我们要用自觉的改革来替代盲动的所谓"革命"。怎么叫做盲动的行为呢?不认清目的,是盲动;不顾手段的结果,是盲动;不分别大小轻重的先后程序,也是盲动。我们随便举几个例:如组织工人,不为他们谋利益,却用他们做扰乱的器具,便是盲动。又如人力车夫的生计改善,似乎应该从管理车厂车行,减低每日的车租入手;车租减两角三角,车夫便每日实收两角三角的利益。然而今日办工运的人却去组织人力车夫工会,煽动他们去打毁汽车电车,如去年杭州、北平的惨剧,这便是盲动。又如一个号称革命的政府，成立了两三年，不肯建立监察制度，不肯施行考试制度，不肯实行预算审计制度，却想用政府党部的力量去禁止人民过旧历年，这也是盲动。至于悬想一个意义不曾弄明白的封建阶级作革命对象，或把一切我们自己不能脱卸的罪过却归到洋鬼子身上，这也都是盲动。

怎么叫做自觉的改革呢？认请问题，认请问题里面的疑难所在，这是自觉。立说必有事实的根据；创议必先细细想出这个提议应该发生什么结果，而我们必须对于这些结果负责任：这是自觉。替社会国家想出路，这是何等重大的责任！这不是我们个人出风头的事，也不是我们个人发牢骚的事，这是"一言可以兴邦，一言可以丧邦"的事，我们岂可不兢兢业业地去思想？怀着这重大的责任心，必须竭力排除我们的成见和私意，必须充分尊重事实和证据，必须充分虚怀采纳一切可以供参考比较暗示的材料，必须时时刻刻提醒自己说我们的任务是要为社会国家寻一条最可行而又最完美的办法：这叫做自觉。

十九，四，十

在民主与独裁的讨论里求得一个共同政治信仰

原载《大公报》"星期论文"
一九三五年二月十七日

  出游了五个星期，回家又得了流行感冒，在床上睡了五六天。在病榻上得着《大公报》催促"星期论文"的通告，只好把这一个多月的报纸杂志寻出来翻看一遍，看看有什么材料和"灵感"。一大堆旧报里，最使我感觉兴趣的是一班朋友在三四十天里发表的讨论"民主与独裁"的许多文章。其中我读到的有吴景超先生的《中国的政制问题》（十二月三十日《大公报》星期论文，《独立评论》一三四号转载）；张熙若先生的《独裁与国难》（一月十三日《大公报》星期论文）；陶孟和先生的《民治与独裁》（《国闻周报》新年号）；陈之迈先生和陶希圣先生的两篇《民主与独裁》（《独立评论》一三六号）；丁文江先生的《再论民治与独裁》（一月二十日《大公报》星期论文，《独立评论》一三七号转载）。我现在把我读了这些文字以后的几点感想写出来，虽然是旧事重提，但在我个人看来，这个讨论了一年多的老题目，这回经过了这几位学者的分析，——尤其是吴景超、陈之迈两先生的清楚明锐的分析，——已可算是得着了一点新的意义了。

  吴景超先生把这个问题分成三方面：

  （一）中国现在行的是什么政制？这是一个事实问题。

  （二）我们愿意要有一种什么政制？这是一个价值问题。

  （三）怎样可以做到我们愿望的政制？这是一个技术问题。

他的结论是：在事实上，"中国现在的政治是一党独裁的政治，而在这一党独裁的政治中，少数的领袖占有很大的势力"。在价值问题上，"中国的知识阶级多数是偏向民主政治的，就是国民党在理论上，也是赞成民主政治的"。在技术问题上，他以为实行民主政治的条件还未完备，但"大部分是可以教育的方式完成的"。

陈之迈先生的六千多字的长文，他的主要论点是："被治者用和平的方法来产生及推倒（更换）统治者，这是民主政治的神髓，抓住了这层便有了民主政治"。所以他指出汪蒋感电说的"国内问题取决于政治，不取决于武力"正是民主政治的根本。所以他的结论是：

> 我个人则以为中国目前的现状，理论上，实际上都应该把"国内问题取决于政治而不取决于武力"，因此绝对没有瞎着眼去学人家独裁的道理。……同时我们对于民主政治，不可陈义太高，太重理想，而着眼于把它的根本一把抓住；对于现存的带民主色彩的制度，如目前的国民党全代会，能代表一部分应有选权的人民，并能产生稍微类似内阁制的政府，应认为是一种进步。对……宪草里规定的国民大会，则应努力使它成功。

我对于陈之迈先生的主张，可以说是完全同意。他颇嫌我把民主政治看得太容易，太幼稚。其实我的本意正是和他一样，要人"对于民主政治不可陈义太高，太重理想"，所以我说民主宪政只是一种幼稚的政治，最适宜于训练一个缺乏政治经验的民族。许多太崇尚民主政治的人，只因为把民主宪政看作太高不可攀的"理智的政治"了，所以不承认我们能试行民治，所以主张必须有一个过渡的时期，或是训政，或是开明专制，或是独裁，这真是王荆公的诗说的"扰扰堕轮回，只缘疑这个"了！

陈之迈先生劝我们对于现有的一切稍带民主色彩的制度应该认为一种进步，都应该努力使它成功。这个意见最可以补充吴景超先生所谓"技术问题"一项。民主政治的好处正在于教人人都进幼稚园，从幼稚园里淘炼到进中学大学。陈之迈先生虽然不赞成我的民治幼稚观，他的劝告却正是劝人进幼稚园的办法。这个看法是富有历史眼光的，是很正确的历史看法。陶希圣先生也说："现行的党治，在党外的人已经看着是独裁，在党内还有人以为算不得独裁。"陈之迈先生从历史演变的立场去看，老实承认国民党的现行制度还是一种"带民主色彩的制度"；固然（如陶希圣先生说的）"即令按照《建国大纲》召开国民大会，那个誓行三民主义的县民代表会议也与多党议会不同"，虽然如此，陈之迈先生也愿意承认这是一种进步，一种收获，我们应该努力使它成功，为什么呢？因为这都是走民主政治的路线：这都是"国内问题取决于政治而不取决于武力"的途径。

陶希圣先生说："胡适之先生主张的民主政治，很显然的是议会政治。"关于这一点，我在这里要声明：我所主张的议会是很有伸缩的余地的：从民元的临时参议院，到将来普选产生的国会，——凡是代表全国的各个区域，象征一个统一国家，做全国的各个部分与中央政府的合法维系，而有权可以用和平的方法来转移政权的，都不违反我想象中的议会。我们有历史眼光的人，当然不妄想"把在英美实行而有成效的民主政治硬搬到中国来"，但是我们当然也不轻视一切逐渐走向民主政治的尝试与练习。

陶希圣先生又说："如果以议会政治论和国民党相争，国民党内没有人能够同意。"我们现在也可以很明白地告诉陶先生和国民党的朋友：我们现在并不愿意"以议会政治论和国民党相争"，因为依我们的看法，国民党的"法源"，《建国大纲》的第十四条和二十四条都是一种议会政治论。所以新宪草规定的国民大会，立法院，监察院，省参议会，县议会等，都是议会政治的几种方式。国民党如果不推翻孙中山先生的遗教，迟早总得走上民主宪政的路。而在这样走上民主宪政的过程中，国民党是可以得着党外关心国事的人的好意的赞助的。

反过来说，我们恐怕，今日有许多求治过急的人的梦想领袖独裁，是不但不能得着党外的同情，还可以引起党内的破裂与内讧的。宪政有中山先生的遗教作根据，是无法隐讳的；独裁的政制如果实现，将来必有人抬出中山遗教来做"护法""救党"的运动。求统一而反致分裂，求救国难而反增加国家的危机，古人说的"欲速则不达"的名言是不可不使我们三思熟虑的。

所以我们为国家民族的前途计，无论党内或党外的人，都应该平心静气考虑一条最低限度的共同信仰，大略如陈之迈先生指出的路线，即是汪蒋两先生感电提出的"国内问题取决于政治而不取决于武力"的坦坦大路。党内的人应该尊重孙中山先生的遗教，尊重党内重要领袖的公开宣言，大家努力促进宪政的成功；党外的人也应该明白中山先生手创的政党是以民主宪政为最高理想的,大家都应该承认眼前一切"带民主色彩的制度"(如新宪法草案之类),都是实现民主宪政的历史步骤,都是一种进步的努力,都值得诚意的赞助使它早日实现的。

我们深信,只有这样的一个最低限度的共同信仰可以号召全国人民的感情与理智,使这个飘摇的国家散漫的民族联合起来做一致向上的努力!

个人自由与社会进步
——再谈『五四』运动

原载《独立评论》第一五〇号
一九三五年十二月二十九日

五月五日《大公报》的"星期论文"是张熙若先生的《国民人格之修养》。这篇文字也是纪念"五四"的,我读了很受感动,所以转载在这一期。我读了张先生的文章,也有一些感想,写在这里做今年"五四"纪念的尾声。

这年头是"五四"运动最不时髦的年头。前天"五四",除了北京大学依惯例还承认这个北大纠集日之外,全国的人都不注意这个日子了。张熙若先生"雪中送炭"的文章使人颇吃一惊。他是政治哲学的教授,说话不离本行,他指出"五四"运动的意义是思想解放,思想解放使得个人解放,个人解放产出的政治哲学是所谓个人主义的政治哲学。他充分承认个人主义在理论上和事实上都有缺点和流弊,尤其在经济方面。但他指出个人主义自有它的优点:最基本的是它承认个人是一切社会组织的来源。他又指出个人主义的政治理论的神髓是承认个人的思想自由和言论自由。他说:

> 个人主义在理论上及事实上都有许多缺陷和流弊,但以个人的良心为判断政治上是非之最终标准,却毫无疑义是它的最大优点,是它的最高价值。……至少,它还有养成忠诚勇敢的人格的用处。此种人格在任何政制下(除过与此种人格根本冲突的政制)都是有无上价值的,都应该大量的培养的。……

今日若能多多培养此种人才,国事不怕没有人担负。救国是一种伟大的事业,伟大的事业惟有伟大人格者才能胜任。

张先生的这段议论,我大致赞同。他把"五四"运动一个名词包括"五四"(民国八年)前后的新思潮运动,所以他的文章里有"民国六七年的五四运动"一句话。这是"五四"运动的广义,我们也不妨沿用这个广义的说法。张先生所谓"个人主义",其实就是"自由主义"(Liberalism)。我们在民国八九年之间,就感觉到当时的"新思潮""新文化""新生活"有仔细说明意义的必要。无疑的,民国六七年北京大学所提倡的新运动,无论形式上如何五花八门,意义上只是思想的解放与个人的解放。蔡元培先生在民国元年就提出"循思想自由言论自由之公例,不以一流派之哲学一宗门之教义梏其心"的原则了。他后来办北京大学,主张思想自由,学术独立,百家平等。在北京大学里,辜鸿铭、刘师培、黄侃、陈独秀和钱玄同等时教书讲学。别人颇以为奇怪。蔡先生只说:"此思想自由之通则,而大学之所以为大也(《言行录》页二二九)"。这样的百家平等,最可以引起青年人的思想解放。我们在当时提倡的思想,当然很显出个人主义的色彩。但我们当时曾引杜威先生的话,指出个人主义有两种:

(1) 假的个人主义就是为我主义(Egoism),它的性质是只顾自己的利益,不管群众的利益。

(2) 真的个人主义就是个性主义(Individuality),它的特性有两种:一是独立思想,不肯把别人的耳朵当耳朵,不肯把别人的眼睛当眼睛,不肯把别人的脑力当自己的脑力。二是个人对于自己思想信仰的结果要负完全责任,不怕权威,不怕监禁杀身,只认得真理,不认得个人的利害。

这后一种就是我们当时提倡的"健全的个人主义"。我们当日介绍易卜生(Ibsen)的著作,也正是因为易卜生的思想最可以代表那种健全的个人主义。这种思想有两个中心见解:第一是充分发展个人的才能,就是易卜生说的:"你要想有益于社会,最好的法子莫如把你自己这块材料铸造成器。"第二是要造成自由独立的人格，像易卜生的《国民公敌》戏剧里的斯铎曼医生那样"贫贱不能移，富贵不能淫，威武不能屈"。这就是张熙若先生说的"养成忠诚勇敢的人格"。

近几年来，"五四"运动颇受一班论者的批评，也正是为了这种个人主义的人生观。平心说来，这种批评是不公道的，是根据于一种误解的。他们说个人主义的人生观是资本主义社会的人生观。这是滥用名词的大笑话。难道在社会主义的国家里就可以不用充分发展个人的才能了吗？难道社会主义的国家里就用不着有独立自由思想的个人了吗？我们试看苏俄现在怎样用种种方法来提倡个人的努力（参看《独立》第一二九号西滢的《苏俄的青年》，和蒋廷黻的《苏俄的英雄》），就可以明白这种人生观不是资本主义社会所独有的了。

还有一些人嘲笑这种个人主义，笑它是十九世纪维多利亚时代的过时思想。这种人根本就不懂得维多利亚时代是多么光华灿烂的一个伟大时代。马克思、恩格斯都生死在这个时代里，都是这个时代的自由思想独立精神的产儿。他们都是终身为自由奋斗的人。我们去维多利亚时代还老远哩。我们如何配嘲笑维多利亚时代呢！

所以我完全赞同张熙若先生说的"这种忠诚勇敢的人格在任何政治下都是有无上价值的，都应该大量的培养的。"因为这种人格是社会进步的最大动力。欧洲十八九世纪的个人主义造出了无数爱自由过于面包，爱真理过于生命的特立独行之士，方才有今日的文明世界。我们应该想想，当日在西伯利亚冰天雪地里受监禁拘囚的十万革命志士，是不是新俄国的先锋？我们到莫斯科去看了那个很感动人的"革命博物馆"，尤其是其中展览列宁一生革命历史的部分，我们不能不深信：一个新社会、新国家，总是一些爱自由爱真理的人造成的，决不是一班奴才造成的。

张熙若先生很大胆地把"五四"运动和民国十五六年的国民革命运动相提并论，并且很大胆地说这两个运动是相同的。这种议论在今日必定要受不少的批评，因为有许多人决不肯承认这个看法。平心说来，张先生的看法也不能说是完全正确。民国十五六年的国民革命运动至少有两点是和民国六七八年的新运动不同的：一是苏俄输入的党纪律，一是那几年的极端民族主义。苏俄输入的铁纪律含有绝大的"不容忍"（Intoleration）的态度，不容许异己的思想，这种态度是和我们"五四"前后提倡的自由主义很相反的。

"五四"运动虽然是一个很纯粹的爱国运动，但当时的文艺思想运动却不是狭义的民族主义运动。蔡元培先生的教育主张是显然带有"世界观"的色彩的（《言行录》页一九七）。《新青年》的同人也都很严厉地批评指斥中国旧文化。其实孙中山先生也是抱着大同主义的，他是信仰"天下为公"的理想的。但中山先生晚年屡次说起鲍洛庭同志劝他特别注重民族主义的策略，而民国十四五年的远东局势又逼我们中国人不得不走上民族主义的路。十四年到十六年的国民革命的大胜利，不能不说是民族主义的旗帜的大成功。可是民族主义有三个方面：最浅的是排外，其次是拥护本国固有的文化，最高又最艰难的是努力建立一个民族的国家。因为最后一步是最艰难的，所以一切民族主义运动往往最容易先走上前面的两步。济南惨案以后，"九一八"以后，极端的叫嚣的排外主义稍稍减低了，然而拥护旧文化的喊声又四面八方地热闹起来了。这里面容易包藏守旧开倒车的趋势，所以也是很不幸的。

在这两点上，我们可以说，民国十五六年的国民革命运动，是不完全和"五四"运动同一个方向的。但就大体上说，张熙若先生的看法也有不小的正确性。孙中山先生是受了很深的安格鲁撒克逊民族的自由主义的影响的，他无疑的是民治主义的信徒，又是大同主义的信徒。他一生奋斗的历史都可以证明他是一个爱自由、爱独立的理想主义者。我们看他在民国九年一月《与海外同志书》（引见上期《独立》）里那样赞扬"五四"运动，那样承认"思想之转变"为革命成功的条件；我们更看他在民国十三年改组国民党时那样容纳异己思想的宽大精神，——我们不能不承认，至少孙中山先生理想中的国民革命是和"五四"运动走同一方向的。因为中山先生相信"革命之成功必有赖于思想之转变"，所以他能承认"五四"运动前后的"新文化运动实为最有价值的事"。思想的转变是在思想自由、言论自由的条件之下个人不断努力的产儿。个人没有自由，思想又何从转变，社会又何从进步，革命又何从成功呢？

二十四、五、六

我们要求外交公开

原载于《大公报》"星期论文"
一九三五年十二月二十九日

昨天《大公报》社论有一段说：

> 此后外交情形，宜以各种正式或非正式之方法，随时尽量公开，使一般国民随时明了国家之真正地位。按过去两年，凡关外交，宣布极少，故经过及真相如何，一般国民殊不能尽知。当局并不控制局势之把握，而仅统制新闻，使国民闭塞耳目，此为近年之一大错误。现在事态更紧，此后义应随时公开，告知全国。

这一段话，我完全赞同。我不能赞成的只有"此后"两个字。我以为不但"此后"的外交情形应该随时公开，"以前"的外交情形和外交文件更应该即日公开宣布。

为什么呢？因为现在的种种事态大都是以前两三年来种种外交经过的结果。《大公报》社论也曾指出"以冀察论，局势至此，乃六月河北事件之交涉种其总因"。若进一步说，六月的河北事件，又岂不是民国二十二年五月的华北停战交涉"种其总因"？既是"总因"，不但彼方的一切借口在此，我方的应付方法都不能不受这些交涉经过的拘束或影响。所以我们必须要求政府把这些造成现在局势的各次交涉经过和交涉结果全数正式宣布出来，使一般人民可以明白国家的危机到了什么地步，使一些少数专家学者可以仔细研究如何挽救弥补的方法。

"九一八"以后，直到上海停战的交涉，中国和日本没有外交上的交涉。二十一年三月的上海停战协定是公开宣布的，协定的内容和范围是确定的。自此以后，有下列各项重要的交涉，都不曾有过正式的宣布的历史与文件：

（一）二十二年五月三十一日的停战协定（所谓《塘沽协定》）。

（二）二十四年六月初的何应钦梅津的谈判（即日本方面所称《何应钦梅津协定》）。

（三）二十四年六月下旬的察东谈判。

这三项交涉都不是正式外交官员办的，又都是在一种受迫胁的非常状态之下手忙脚乱地办的，所以，据我们所知，这三次交涉的结果，都是范围很不确定的，文字很不严密的。

这两年之中，北方的种种纠纷都起源于这些文字不严密范围不确定的交涉结果。《塘沽协定》的四条文字，我们虽然在报纸上非正式地看见过，但据后来通车通邮种种交涉看来，我们可以说，我们至今不曾知道《塘沽协定》的正确内容和范围。就拿那已经在报纸上见过的四条文字来说，其中所谓"长城线"，所谓"用飞机及其他方法视察"，都是最不严密的文字，种下了后来不少的恶因。就是近两年北方局势的最大祸根，我们人民不应该要求政府正式宣布停战协定的交涉记录和协定正文吗？

今年六月何应钦梅津的谈判，中国政府方面至今没有正式宣布。但据外间的传说，彼方认此为一种协定，而我方始终不承认有何签订的协定或"了解"；或者传说此次谈判的结果只是何应钦部长接受了五七项具体事项的要求，而别方传说则谓具体事项之外还有三个附加的广泛原则。究竟彼方所谓《何梅协定》是一件什么东西呢？是签了字没有呢？有什么内容？内容的范围有多大呢？在国际法上有何种拘束的效能呢？这些问题无一项不是极关重要的，我们人民不应该要求政府明白宣布吗？

六月下旬的察东谈判，也是我们全不明白的一件交涉。据我方的报告，这里并没有丧权失地的条件；而据别方的传说，又好像整个察哈尔，除了原来的宣化府属，都在六月下旬决定命运了！究竟那一次的谈判的经过和内容是怎样的一回事呢？我们人民不也应该要求政府明白告诉我们吗？

当然，这两年多的中日交涉不限于这三项。如通车的交涉，如通邮的交涉，如长城战区保安队的交涉，如察东保安队的交涉，以及其他我们全不知道的交涉，都应该在公开宣布之列。

这样的外交文件与历史的公开，总而言之，有种种大益处。

第一，公布外交文件可以使"此后"的外交有一个条文字句的根据。外交的依据全在条文，条文的争执全靠定本，所以正式的条约必须一字一句都不放松，又必须在最后声明如有争执均依某种文字为定本。如果外间的传说可信，这两年的中日交涉全是一班门外汉的急就章，字句可做各种解释，范围可伸可缩，甚至于无人能明白指定其所签订有无条约的拘束力。这简直是一本烂账，任凭强者占便宜，而弱者竟不敢捧出账簿来争一点未曾签掉的权益！公开宣布的第一功用正是翻出条文字句来，让大家看看究竟以前丧失了多少权益，让专家学者看看那些条文应该如何确定范围，如何解释文字，如何规定有效期间，如何挽救将来。

第二，公布交涉经过可以明定交涉者的责任。在一个弱国里向强敌办外交，当然是吃力不讨好的事；身当其冲的政治家，当然要准备为国家牺牲自己，大之准备牺牲自己的生命，小之也得牺牲一二十年的政治前途。三十年前，代表日本出席日俄和议的小村专使，归国时几乎不能见容于国民；他代表一个战胜国，尚且如此，何况代表弱国的交涉者？然而只要来去分明，自竭其能力，终久会见谅于国人，追思于后世。罗文干、郭泰祺是签订上海停战协定的人，当时虽有殴伤郭泰祺之事，但国人至今对于罗郭没有责难的话。近两月之中，汪精卫院长被枪伤于南京，唐有壬次长遭惨死于上海，他们的爱国心本是无可疑的，他们的为国事任劳任怨的精神也是将来史家一定原谅赞许的。但我们总疑心汪唐两先生所以不蒙一部分人的谅解，至少其中的一个重要原因是近两年外交的不公开。文件不公布，所以人民不知道究竟丧权辱国到了什么地步。交涉经过详情不公布，所以人民不能充分了解政府当局处境如何困难。三人的传说可以使贤母相信曾参杀人，何况全国人整年坐在闷葫芦里的猜疑呢？所以我们深切地希望政府明白此种不幸事件的教训，毅然决然地把近年一切交涉的经过详细发表出来，使全国人都明晓每次交涉的环境；拆冲的详情，屈辱的限度。疑心能生暗鬼，只有公开可以扫除黑暗的疑虑。公开过去的外交可以求得国民的原谅，公开"此后"的外交可以求得国民的后盾，也许还可以减轻外力的压迫。一二个人担负不起的压力，当然只有整个国家来共同担负。外交不公开，就是当局者愿意单独担负屈辱的责任。

自由主义

胡适一九四八年九月四日演讲于北平电台

孙中山先生曾引一句外国成语："社会主义有五十七种，不知哪一种是真的。"其实"自由主义"也可以有种种说法，人人都可以说他的说法是真的，今天我说的"自由主义"，当然只是我的看法，请大家指教。

自由主义最浅显的意思是强调尊重自由，现在有些人否认自由的价值。同时又自称是自由主义者。自由主义里没有自由，那就好像《长坂坡》里没有赵子龙，《空城计》里没有诸葛亮，总有点叫不顺口罢！据我的拙见，自由主义就是人类历史上那个提倡自由，崇拜自由，争取自由，充实并推广自由的大运动。

"自由"在中国古文里的意思是："由于自己"，就是不由于外力，是"自己做主"。在欧洲文字里，"自由"含有"解放"之意，是从外力裁制之下解放出来，才能"自己做主"。在中国古代思想里，"自由"就等于自然，"自然"是"自己如此"，"自由"是"由于自己"，都有不由于外力拘束的意思。陶渊明的诗："久在樊笼里，复得返自然"，这里"自然"二字可以说是完全同"自由"一样。王安石的诗："风吹瓦堕屋，正打破我头……我终不嗔渠，此瓦不自由。"这就是说，这片瓦的行动是被风吹动的，不是由于自己的力量。中国古人太看重"自由"，"自然"的"自"字，所以往往看轻外面的拘束力量，也许是故意看不起外面的压迫，故意回向自己内心去求安慰，求自由。这种回向自己求内心的自由，有几种方式，一种是隐遁的生活——逃避外力的压迫，一种是梦想神仙的生活——行动自由，变化自由——正如庄子说，列子御风而行，还是"有待"，"有待"还不是真自由，最高的生活是事人无待于外，道教的神仙，佛教的西天净土，都含有由自己内心去寻求最高的自由的意义。我们现在讲的"自由"，不是那种内心境界，我们现在说的"自由"，是不受外力拘束压迫的权利。是在某一方面的生活不受外力限制束缚的权利。

在宗教信仰方面不受外力限制，就是宗教信仰自由。在思想方面就是思想自由，在著作出版方面，就是言论自由，出版自由。这些自由都不是天生的，不是上帝赐给我们的，是一些先进民族用长期的奋斗努力争出来的。

人类历史上那个自由主义大运动实在是一大串解放的努力。宗教信仰自由只是解除某个某个宗教威权的束缚，思想自由只是解除某派某派正统思想威权的束缚。在这些方面……在信仰与思想的方面，东方历史上也有很大胆的批评者与反抗者。从墨翟、杨朱，到桓谭、王充，从范缜、傅奕、韩愈，到李贽、颜元、李塨，都可以说是为信仰思想自由奋斗的东方豪杰之士，很可以同他们的许多西方同志齐名比美，我们中国历史上虽然没有抬出"争自由"的大旗子来做宗教运动，思想运动，或政治运动，但中国思想史与社会政治史的每一个时代都可以说含有争取某种解放的意义。

我们的思想史的第一个开山时代，就是春秋战国时代——就有争取思想自由的意义。

古代思想的第一位大师老子，就是一位大胆批评政府的人。他说："天下多忌讳，而民弥贫。""法令滋彰，盗贼多有。""民之饥，以其上食税之多，是以饥。""民之难治，以其上之有为，是以难治。""民之轻死，以其求生之厚，是以轻死。""天之道损有余，而补不足。""人之道则不然，损不足以奉有余。"老子同时的邓析是批评政府而被杀的。另一位更伟大的人就是孔子，他也是一位偏向左的"中间派"，他对于当时的宗教与政治，都有大胆的批评，他的最大胆的思想是在教育方面：有教无类，"类"是门类，是阶级民族，"有教无类"，是说："有了教育，就没有阶级民族了。"

从老子孔子打开了自由思想的风气，二千多年的中国思想史、宗教史，时时有争自由的急先锋，有时还有牺牲生命的殉道者。孟子的政治思想可以说是全世界的自由主义的最早一个倡导者。孟子提出的"大丈夫"是"贫贱不能移，富贵不能淫，威武不能屈"。这是中国经典里自由主义的理想人物。在二千多年历史上，每到了宗教与思想走进了太黑暗的时代，总有大思想家起来奋斗，批评，改革。

汉朝的儒教太黑暗了，就有桓谭、王充、张衡起来，做大胆的批评。后来佛教势力太大了，就有齐梁之间的范缜，唐朝初年的傅奕，唐朝后期的韩愈出来，大胆地批评佛教，攻击那在当时气焰熏天的佛教。大家都还记得韩愈攻击佛教的结果是："一封朝奏九重天，夕贬潮洲路八千。"佛教衰落之后，在理学极盛时代，也曾有多少次批评正统思想或反抗正统思想的运动。王阳明的运动就是反抗朱子的正统思想的。李卓吾是为了反抗一切正宗而被拘捕下狱，他在监狱里自杀的，他死在北京，葬在通州，这个七十六岁的殉道者的坟墓，至今存在，他的书经过多少次禁止，但至今还是很流行的。北方的颜李学派，也是反对正统的程朱思想的，当时，这个了不得的学派很受正统思想的压迫，甚至于不能公开地传授。这三百年的汉学运动，也是一种争取宗教自由、思想自由的运动。汉学是抬出汉朝的书做招牌，来掩护一个批评宋学的大运动。这就等于欧洲人抬出圣经来反对教会的权威。

但是东方自由主义运动始终没有抓住政治自由的特殊重要性，所以始终没有走上建设民主政治的路子。西方的自由主义绝大贡献正在这一点，他们觉悟到只有民主的政治方才能够保障人民的基本自由，所以自由主义的政治意义是强调的拥护民主。一个国家的统治权必须放在多数人民手里，近代民主政治制度是安格鲁撒克逊民族的贡献居多，代议制度是英国人的贡献，成文而可以修改的宪法是英美人的创制，无记名投票是澳洲人的发明，这就是政治的自由主义应该包含的意义。我们古代也曾有"天视自我民视，天听自我民听"，"民为邦本"，"民为贵，社稷次之，君为轻"的民主思想。我们也曾在二千年前就废除了封建制度，做到了大一统的国家，在这个大一统的帝国里，我们也曾建立一种全世界最久的文官考试制度，使全国才智之士有参加政府的平等制度。但，我们始终没有法可以解决君主专制的问题，始终没有建立一个制度来限制君主的专制大权，世界只有安格鲁撒克逊民族在七百年中逐渐发展出好几种民主政治的方式与制度，这些制度可以用在小国，也可以用在大国。(1) 代议政治，起源很早，但史家指一二九五年为正式起始。(2) 成文宪，最早的一二一五年的大宪章，近代的是美国宪法（一七八九）。(3) 无记名投票（政府预备选举票，票上印各党候选人的姓名，选民秘密填记）是一八五六年 South Arsthlia 最早采用的。自由主义在这两百年的演进史上，还有一个特殊的空前的政治意义，就是容忍反对党，保障少数人的自由权利。向来政治斗争不是东风压了西风，就是西风压了东风，被压的人是没有好日子过的，但近代西方的民主政治却渐渐养成了一种容忍异己的度量与风气。因为政权是多数人民授予的，在朝执政权的党一旦失去了多数人民的支持，就成了在野党了，所以执政权的人都得准备下台时坐冷板凳的生活，而个个少数党都有逐渐变成多数党的可能。甚至于极少数人的信仰与主张，"好像一粒芥子，在各种种子里是顶小的，等到它生长起来，却比各种菜蔬都大，竟成了小树，空中的飞鸟可以来停在它的枝上。"（《新约马太福音十四章》，圣地的芥菜可以高到十英尺。）人们能这样想，就不能不存容忍别人的态度了，就不能不尊重少数人的基本自由了。在近代民主国家里，容忍反对党，保障少数人的权利，久已成了当然的政治作风，这是近代自由主义里最可爱慕而又最基本的一个方面。我做驻美大使的时期，有一天我到费城去看我的一个史学老师白尔教授，他平生最注意人类争自由的历史，这时候他已八十岁了。他对我说："我年纪越大，越觉得容忍比自由还更重要。"这句话我至今不忘记。为什么容忍比自由还更要紧呢？因为容忍就是自由的根源，没有容忍，就没有自由可说了。至少在现代，自由的保障全靠一种互相容忍的精神，无论是东风压了西风，还是西风压了东风，都是不容忍，都是摧残自由。多数人若不能容忍少数人的思想信仰，少数人当然不会有思想信仰的自由；反过来说，少数人也得容忍多数人的思想信仰，因为少数人要时常怀着"有朝一日权在手，杀尽异教方罢休"的心理，多数人也就不能不行"斩草除根"的算计了。最后我要指出，现代的自由主义，还含有"和平改革"的意思。

和平改革有两个意义，第一就是和平地转移政权；第二就是用立法的方法，一步一步地做具体改革，一点一滴地求进步。容忍反对党，尊重少数人权利，正是和平的政治社会改革的唯一基础。反对党的对立，第一是为政府树立最严格的批评监督机关，第二是使人民可以有选择的机会，使国家可以用法定的和平方式来转移政权，严格地批评监督，和平地改换政权，都是现代民主国家做到和平革新的大路。近代最重大的政治变迁，莫过于英国工党的执掌政权，英国工党在五十多年前，只能选举出十几个议员，三十年后，工党两次执政，但还站不长久，到了战争胜利之年（一九四五），工党得到了绝对多数的选举票，故这次工党的政权，是巩固的，在五年之内，谁都不能推翻他们，他们可以放手改革英国的工商业，可以放手改革英国的经济制度，这样重大的变化——从资本主义的英国变到社会主义的英国——不用流一滴血，不用武装革命，只靠一张无记名的选举票，这种和平的革命基础，只是那容忍反对党的雅量，只是那保障少数人自由权利的政治制度，顶顶小的芥子不曾受摧残，在五十年后居然变成大树了。自由主义在历史上有解除束缚的作用，故有时不能避免流血的革命，但自由主义的运动，在最近百年中最大成绩，例如英国自从一八三二年以来的政治革新，直到今日的工党政府，都是不流血的和平革新，所以在许多人的心目中，自由主义竟成了"和平改革主义"的别名，有些人反对自由主义，说它是"不革命主义"，也正是如此。我们承认现代的自由主义正应该有"和平改革"的含义，因为在民主政治已上了轨道的国家里，自由与容忍铺下了和平改革的大路，自由主义者也就不觉得有暴力革命的必要了。这最后一点，有许多没有忍耐心的年轻人也许听了不满意，他们要"彻底改革"，不要那一点一滴的立法，他们要暴力革命，不要和平演讲。我要很诚恳地指出：近代一百六七十年的历史，很清楚地指示我们，凡主张彻底改革的人，在政治上没有一个不走上绝对专制的路，这是很自然的，只有绝对的专制政权可以铲除一切反对党，消灭一切阻力，也只有绝对的专制政治可以不择手段，不惜代价，用最残酷的方法做到他们认为根本改革的目的。他们不承认他们的见解会有错误，他们也不能承认反对的人会有值得考虑的理由，所以他们绝对不能容忍异己，也绝对不能容许自由的思想与言论。所以我很坦白地说，自由主义为了尊重自由与容忍，当然反对暴力革命，与暴力革命必然引起来的暴力专制政治。

　　总结起来，自由主义的第一个意义是自由，第二个意义是民主，第三个意义是容忍——容忍反对党，第四个意义是和平的渐进的改革。

双十节的感想

原载《独立评论》第一二二号
一九三四年十月十四日

我们这一期报的付印正当双十节的前夕,所以我们也要借这个机会来想想这个革命纪念节的历史的意义。

双十节有两层重大意义:种族的革命和政治的革命。

第一,辛亥革命在当时最容易使一般人了解的意义是"排满",种族的革命。种族的革命在当时颇有人反对,一半是因为有些持重的人恐怕革命要引起瓜分,一半是因为有些人对于满洲皇室还抱一点中兴的希望。现在回头看来,怕瓜分还有点历史的根据,期望满洲皇室的中兴是完全错误的。满洲民族,到了乾隆之下,已成了强弩之末;皇室都成了败家子弟,后来竟连儿女都生不出来了;八旗兵丁也都"文"化了,在乾嘉之间的匪乱里,他们的战斗力已大衰了。太平天国之变更证明了这一群外族统治阶级已丝毫没有抵抗力了。从十九世纪中叶到辛亥革命,满族的统治权全靠汉族新兴领袖的容忍。其间戊戌年的"百日维新",不足以证明满族可以出个维新皇帝,只足以证明他们只配拥戴一个昏残顽固的西太后。拳匪之祸,主要的政治领袖都是皇室贵族,从此满洲皇室更被全国人民厌恨了。崩溃的统治阶级早已不能抵抗那几次爆发的民族的仇恨了;只有那七百年理学余威还在那里支持一个尊君的局面,使曾国藩、左宗棠、李鸿章等诸人不敢做进一步取而代之的革命。但理学的本身也早已成了强弩之末,禁不起那西来的民族观念与平等自由的思想的摧荡。这一道最后的壁垒有了漏洞之后，它所掩庇的满洲帝室自然瓦解了。所以辛亥革命"排满"成功的意义只是推倒一个久已不能自存的外族统治；那种"摧枯拉朽"的形势，更可以证明时机的真正成熟。这个说法不是小看了革命先烈的功绩，这正是要表明他们的先见远识。倘使当时那班昏愚的帝室亲贵能继续维持他们的统治权到今日，中国的形势更不堪想象了！

第二，帝制推翻之后，中国变成一个民主共和，这也是历史造成的局势。在二百七十年的满族统治之下，汉人没有一家能长久保持一种特殊尊贵地位的，也没有一家能得国民爱戴，有被拥戴做统治中国的皇室。即使君主立宪党人出头当政，他们也没有法子凭空捏造出一个皇室来。所以辛亥革命不能不建立一个共和政体，乃是历史必然的趋势。还有一个历史的理由，就是中国向来的专制帝政实在太糟，太无限制，太丑恶了，一旦戳穿了纸老虎，只看见万恶而无一善。这是中国和日本的一个根本不同之点。日本自九世纪以来，一千余年中，天皇没有实权，大权都在权臣的手里；天皇深居宫中，无权可以为恶，而握专制实权的幕府成为万恶所归，所以后来忧国的志士都要尊王倒幕。后来日本天皇成为立宪的君主，其实很得了那一千多年倒霉的帮助。中国则不然：一切作威作福的大权都集中在皇帝一身，所以一切罪恶也都归到他的一身。在纸老虎有威风的时候，一切人都敢怒而不敢言。等到纸老虎不灵的时候，"专制万恶"的思想处处可以得着铁凭铁据，自然众口一声地要永远推翻专制帝政了。帝制的罪恶是历史上最明显的事实，何况还有共和自由平等的幸福的期望在将来等着我们的享受？所以日本维新变成君主立宪，而中国革命不能不打倒帝制，都是历史上的自然趋势。袁世凯张勋的帝制失败都是这个趋势的旁证。

但辛亥革命的政治意义不止于此。帝制的推翻，虽然好像是不曾费大力，然而那件事究竟是五千年中国历史上的一件最大的改革。在一般人的心里，这件事的意义是："连皇帝也会革掉的！"这是中国革新的一个最深刻的象征。辛亥以前，中国人谈了四五十年的改革，实在没有改变多少。因为那班老狗是教不会新把戏的。八股改了，来的是策论；策论废了，来的是红顶子做监督提调的学堂。要"预备立宪"了，来的是差不多"清一色"的新贵政府。——但是辛亥以后，帝制倒了，在积极方面虽然没有能建立起真正的民主政体，在破坏的方面确是有了绝大的成绩。第一是整个的满洲新贵阶级倒了，第二是妃嫔太监的政治倒了，第三是各部的买办阶级倒了，第四是许多昏庸老朽的旧官僚也跟着帝制倒了。这多方面的崩溃，造成了一个大解放的空气。这个大解放的空气是辛亥政治革命的真意义。在辛亥以前，无论什么新花样，——例如编排一出新戏——只消一位昏庸的御史上一个参本，就可以兴起一场大狱。在辛亥以后，许多私人提倡的改革事业都可以自由发展，不能不说是政治革命的恩赐。即如民国六七年北京大学的教授提倡的白话文学，在当时虽然也有林纾先生们的梦想有大力的人出来干涉，究竟没有受着有效的摧残。若在帝政之下，我们那班二十多岁的青年压根儿就不能走进京师大学堂的门墙里去讲中国学问，更不用说在"辇毂"之下提倡非圣无法的思想了！民国十三年以后的政治社会的改革当然是比辛亥革命激烈得多了；但若没有辛亥革命的政治大解放，也决不会有这十年来的种种革命。辛亥革命变换了全国的空气，解除了一个不能为善而可以为恶的最上层高压势力，然后才能有各种革命的新种子在那个解放的空气里生根发芽。

所以我们可以说辛亥革命是后来一切社会改革的开始。中国古来的政治虽然是完全放任的，然而那个"天高皇帝远"的放任政治之下，一切社会制度实在都还是倚靠那个礼法分不清的政治制度的维持。放任是放任的，但变换新花样是不容许的；其实也并不是有意地不容许，只是无法子变换出来。那个上层的硬壳子僵化了，它的压力自然能僵化一切它所笼罩的东西。辛亥革命只是揭起了，打破那个硬壳子，底下的社会就显出流动性来了。

这二十年中最容易看见的改革是妇女的解放。然而妇女的解放运动，无论在家庭，在学校，在社会，都直接间接地受了辛亥政治革命的推动。即如今日男女同学的普遍，在旧日帝制之下，是谁也梦想不到的。又如新民法根本推翻了旧礼教所护持的名分，亲属关系，宗法观念，造成了一种不流血的礼教革命。这样彻底的法律革命，在旧日礼教与刑法互相维护的帝政之下决没有实行的机会。这不过是随便举出的一两点，已可以证明辛亥革命有解放全社会的大影响了。

我们在今日纪念这个革命节日，一面当然感谢那许多为革命努力牺牲的先烈，一面当然也不能不感觉我们自己在这二十年中太不努力了，所以虽有一点成绩，究竟不够酬偿他们流的血，出的力。他们梦想一个自由平等、繁荣强盛的国家。二十三年过去了，我们还只是一个抬不起头来的三等国家。他们梦想造成一国民主立宪的自由国民，二十三年了，却有不少的人自以为眼界变高了，瞧不起人权与自由了，情愿歌颂专制，梦想做独裁下的新奴隶！这是我们在今日不能不感觉惭愧的。

容忍与自由

原载于《自由中国》第二〇卷第六期
一九五九年三月十六日

十七八年前,我最后一次会见我的母校康耐儿大学的史学大师布尔先生(George Lincoln Burr)。我们谈到英国文学大师阿克顿(Lord Acton)一生准备要著作一部《自由之史》,没有写成他就死了。布尔先生那天谈话很多,有一句话我至今没有忘记。他说,"我年纪越大,越感觉到容忍(Tolerance)比自由更重要。"

布尔先生死了十多年了,他这句话我越想越觉得是一句不可磨灭的格言。我自己也有"年纪越大,越觉得容忍比自由还更重要"的感想。有时我竟觉得容忍是一切自由的根本:没有容忍,就没有自由。

我十七岁的时候(一九〇八)曾在《竞业旬报》上发表几条"无鬼丛话",其中有一条是痛骂小说《西游记》和《封神榜》的,我说:

《王制》有之:"假于鬼神时日卜筮以疑众,杀。"吾独怪夫数千年来之掌治权者,之以济世明道自期者,乃懵然不之注意,惑世诬民之学说得以大行,遂举我神州民族投诸极黑暗之世界!……

这是一个小孩子很不容忍的"卫道"态度。我在那时候已是一个无鬼论者、无神论者,所以发出那种摧除迷信的狂论,要实行《王制》(《礼记》的一篇)的"假于鬼神时日卜筮以疑众,杀"的一条经典!

我在那时候当然没有梦想到说这话的小孩子在十五年后(一九二三)会很热心地给《西游记》作两万字的考证!我在那时候当然更没有想到那个小孩子在二三十年后还时时留心搜求可以考证《封神榜》的作者的材料!我在那时候也完全没有想想《王制》那句话的历史意义。那一段《王制》的全文是这样的:

析言破律,乱名改作,执左道以乱政,杀。作淫声异服奇技奇器以疑众,杀。行伪而坚,言伪而辩,学非而博,顺非而泽以疑众,杀。假于鬼神时日卜筮以疑众,杀。此四诛者,不以听。

我在五十年前,完全没有懂得这一段话的"四诛"正是中国专制政体之下禁止新思想、新学术、新信仰、新艺术的经典的根据。我在那时候抱着"破除迷信"的热心,所以拥护那"四诛"之中的第四诛:"假于鬼神时日卜筮以疑众,杀。"我当时完全没有梦到第四诛的"假于鬼神……以疑众"和第一诛的"执左道以乱政"的两条罪名都可以用来摧残宗教信仰的自由。我当时也完全没有注意到郑玄注里用了公输般做"奇技异器"的例子;更没有注意到孔颖达《正义》里举了"孔子为鲁司寇七日而诛少正卯"的例子来解释"行伪而坚,言伪而辩,学非而博,顺非而泽以疑众,杀"。故第二诛可以用来禁绝艺术创作的自由,也可以用来"杀"许多发明"奇技异器"的科学家。故第三诛可以用来摧残思想的自由,言论的自由,著作出版的自由。

我在五十年前引用《王制》第四诛,要"杀"《西游记》《封神榜》的作者。那时候我当然没有想到十年之后我在北京大学教书时就有一些同样"卫道"的正人君子也想引用《王制》的第三诛,要"杀"我和我的朋友们。当年我要"杀"人,后来人要"杀"我,动机是一样的:都只因为动了一点正义的火气,就都失掉容忍的度量了。

我自己叙述五十年前主张"假于鬼神时日卜筮以疑众,杀"的故事,为的是要说明我年纪越大,越觉得"容忍"比"自由"还更重要。

我到今天还是一个无神论者,我不信有一个有意志的神,我也不信灵魂不朽的说法。我能够容忍一切信仰有神的宗教,也能够容忍一切诚心信仰宗教的人。

我自己总觉得，这个国家，这个社会，这个世界，绝大多数人是信神的，居然能有这雅量，能容忍我的无神论，能容忍我这个不信神也不信灵魂不灭的人，能容忍我在国内和国外自由发表我的无神论的思想，从没有人因此用石头掷我，把我关在监狱里，或把我捆在柴堆上用火烧死。我在这个世界里居然享受了四十多年的容忍与自由。我觉得这个国家，这个社会，这个世界对我的容忍度量是可爱的，是可以感激的。

所以我自己总觉得我应该用容忍的态度来报答社会对我的容忍。所以我自己不信神，但我能诚心的谅解一切信神的人，也能诚心地容忍并且敬重一切信仰有神的宗教。

我要用容忍的态度来报答社会对我的容忍，因为我年纪越大，我越觉得容忍的重要意义。若社会没有这点容忍的气度，我决不能享受四十多年大胆怀疑的自由，公开主张无神论的自由。

在宗教自由史上，在思想自由史上，在政治自由史上，我们都可以看见容忍的态度是最难得、最稀有的态度。人类的习惯总是喜同而恶异的，总不喜欢和自己不同的信仰、思想、行为。这就是不容忍的根源。不容忍只是不能容忍和我自己不同的新思想和新信仰。一个宗教团体总相信自己的宗教信仰是对的，是不会错的，所以它总相信那些和自己不同的宗教信仰必定是错的，必定是异端、邪教。一个政治团体总相信自己的政治主张是对的，是不会错的，所以它总相信那些和自己不同的政治见解必定是错的，必定是敌人。

一切对异端的迫害，一切对"异己"的摧残，一切宗教自由的禁止，一切思想言论的被压迫，都由于这一点深信自己是不会错的心理。因为深信自己是不会错的，所以不能容忍任何和自己不同的思想信仰了。

试看欧洲的宗教革新运动的历史。马丁·路得（Martin Luther）和约翰·高尔文（John Calvin）等人起来革新宗教，本来是因为他们不满意于罗马旧教的种种不容忍，种种不自由。但是新教在中欧、北欧胜利之后，新教的领袖们又都渐渐走上了不容忍的路上去，也不容许别人起来批评他们的新教条了。高尔文在日内瓦掌握了宗教大权，居然会把一个敢独立思想，敢批评高尔文的教条的学者塞维图斯（Servetus）定了"异端邪说"的罪名，把他用铁链锁在木桩上，堆起柴来，慢慢地活烧死。这是一五五三年十月二十三日的事。

这个殉道者塞维图斯的惨史，最值得人们的追念和反省。宗教革新运动原来的目标是要争取"基督教的人的自由"和"良心的自由"。何以高尔文和他的信徒们居然会把一位独立思想的新教徒用火慢慢地烧死呢？何以高尔文的门徒（后来继任高尔文为日内瓦的宗教独裁者）柏时（de Beze）竟会宣言"良心的自由是魔鬼的教条"呢？

基本的原因还是那一点深信我自己是"不会错的"的心理。像高尔文那样虔诚的宗教改革家，他自己深信他的良心确是代表上帝的命令，他的口和他的笔确是代表上帝的意志，那么他的意见还会错吗？他还有错误的可能吗？在塞维图斯被烧死之后，高尔文曾受到不少人的批评。一五五四年，高尔文发表一篇文字为他自己辩护，他毫不迟疑地说："严厉惩治邪说者的权威是无可疑的，因为这就是上帝自己说话。……这工作是为上帝的光荣战斗。"

上帝自己说话，还会错吗？为上帝的光荣作战，还会错吗？这一点"我不会错"的心理，就是一切不容忍的根苗。深信我自己的信念没有错误的可能（Infallible），我的意见就是"正义"，反对我的人当然都是"邪说"了。我的意见代表上帝的意旨，反对我的人的意见当然都是"魔鬼的教条"了。

这是宗教自由史给我们的教训：容忍是一切自由的根本；没有容忍"异己"的雅量，就不会承认"异己"的宗教信仰可以享受自由。但因为不容忍的态度是基于"我的信念不会错"的心理习惯，所以容忍"异己"是最难得，最不容易养成的雅量。

在政治思想上，在社会问题的讨论上，我们同样地感觉到不容忍是常见的，而容忍总是很稀有的。我试举一个死了的老朋友的故事做例子。四十多年前，我们在《新青年》杂志上开始提倡白话文学的运动，我曾从美国寄信给陈独秀，我说：

> 此事之是非，非一朝一夕所能定，亦非一二人所能定。甚愿国中人士能平心静气与吾辈同力研究此问题。讨论既熟，是非自明。各辈已张革命之旗，虽不容退缩，然亦决不敢以吾辈所主张为必是而不容他人之匡正也。

独秀在《新青年》上答我道：

> 鄙意容纳异议，自由讨论，固为学术发达之原则，独于改良中国文学当以白话为正宗之说，其是非甚明，必不容反对者有讨论之余地；必以吾辈所

主张者为绝对之是,而不容他人之匡正也。

我当时看了就觉得这是很武断的态度。现在在四十多年之后,我还忘不了独秀这一句话,我还觉得这种"必以吾辈所主张者为绝对之是"的态度是很不容忍的态度,是最容易引起别人的恶感,是最容易引起反对的。

我曾说过,我应该用容忍的态度来报答社会对我的容忍。我现在常常想我们还得戒律自己:我们若想别人容忍谅解我们的见解,我们必须先养成能够容忍谅解别人的见解的度量。至少我们应该戒约自己决不可"以吾辈所主张者为绝对之是"。我们受过实验主义的训练的人,本来就不承认有"绝对之是",更不可以"以吾辈所主张者为绝对之是"。

四八、三、十二晨

"五四"运动是青年爱国的运动

——九六〇年接受台北某广播电台记者安某的访谈

问：今日是"五四"运动纪念日，我想请问胡先生，"五四"运动起因是什么？

答：安先生，你年纪太轻啦，连"五四"运动的起因都不知道吗？"五四"运动，其实不是个运动，是在一九一九年五月四日那一天所发生的一些事情，当初并没有什么运动，也没有什么计划。在"五四"的前几个月欧洲的第一次世界大战，就是一九一八年的十一月十一日停战啦，叫双十一节。停战之后，就是第一次世界大战终了啦，于是参战的国家，筹备和会，在巴黎的维赛亚皇宫开和会，中国的代表团也到啦。美国的代表团是威尔逊总统出席，在第一次世界大战终了的时候，美国的威尔逊大总统是全世界最受欢迎的，他有所谓的"改造世界的十四点主义"，就是威尔逊的理想震动了全世界。大家都希望在这一次的世界大战的和会里边，总可以使新的世界来临。从前所谓不公道的，现在都可以变成公道的啦，从前所谓不合理的，现在都合理啦。所以那个时候大家都还记得在北京的中央公园，有一个牌坊叫"公理战胜"。那时候大家都有一个梦想，人人都想，世界经过这么大的牺牲，经过几年的苦战，世界大战是从一九一四年到一九一八年，四年多的血战，所以大家有一个理想，以为这一次世界大战完了，威尔逊的理想，可以满足那些受压迫的民族，新世界将来临。殊不知，我们到了三月、四月才慢慢地感觉到，我们的理想不容易满足。威尔逊大总统到了和会里边，才晓得从前打仗的这些国家，都是东一个秘密的条约，西一个秘密的条约，都把那些弱小民族的、那些弱国一些的权利，在那些秘密条约里都答应人家，都出卖掉啦。等到美国在一九一七年参战，等到威尔逊的一股理想加入战争，殊不知道，许多国家都是有秘密的条约。比如影响我们中国的，就是日本在中国有许多权利，日本参战，它没有到欧洲去，它就是出兵在山东这边，把青岛、山东胶济铁路这个区域，尤其是青岛，德国人在中国的权利拿过去啦；比如是德国人抢去的权利，现在要给日本人，在中国这是个很大的问题，就是收回山东省内德国人当初以强迫中国拿去的权利，中国人要收回，废除这些不平等的权利。现在日本出兵从德国人手里拿回去啦。这个山东问题，就是"五四"那一天的最重要的问题。到了四月底，消息慢慢地就不好啦，就是那时候，我们还希望山东问题，德国人的所有权利，现在我们参战啦，德国人打败啦，投降啦，德国人在山东的权利，应该还给中国。而日本人说，我们出兵打来的，这个权利应该是我们的，在和会里讨论时应该交给日本人，让日本同中国来交涉。这是山东问题最重要的一个焦点。

到了四月底五月初的时候，消息慢慢地传出来啦，说是连美国的威尔逊总统，美国的代表团都不能帮我们的忙。所以我们在山东的权利，恐怕要吃亏啦。要由和会交给日本，由日本来同中国办交涉，我们这个弱国在日本人手里怎会能得到权利呢，怎能收回呢？我们不相信日本，不放心日本。结果这个消息在政府里边有人传出来，传到几位教育界的领袖，我们北京大学的校长蔡元培先生知道后，然后这个消息传出去给学生，学生就开会要求中国不承认日本取得山东的权利。我们还要继续要求山东失掉了的权利，如果做不到呢，我们的代表在巴黎的和约不应该签字。

"五四"运动，当时并不是运动，就是刚刚碰得巧在五月初，这消息才传出来，报上还没登出来，不过这秘密很可靠的，就是我们的代表团在巴黎的和会要失败啦，我们在山东的权利，从前德国人拿去的，现在日本人要抢去，而日本人不肯还给中国。和会交给日本，让中国自己想法子向日本交涉，这个中国人不承认，为了这个原故，那天开会，实在是抗议巴黎和会对于我们不公道的这种决定。这种秘密的消息传出来，北京的学生在天安门外开会，各学校的学生，北京大学的学生领头，从开会我有详细的记录。北京有十几个学堂，在一九一九年五月四日的下午，有十几个学堂的学生，几千学生在天安门开会，人人手里拿着一面白旗写着"还我青岛"，争的问题是"青岛"，德国人占去啦，给日本人用兵力占去啦，现在日本人占据不还给中国，"还我青岛"是个大问题。其实不但青岛一处，整个山东，尤其胶济铁路这个区域，在山东省内德国人的权利，德国人用强力取得的权利，日本人拿去啦。所以那个时候，人人手里拿着白旗写着"还我青岛"，还要杀卖国贼曹汝霖、陆宗舆、章宗祥。曹汝霖是那个时候的外交总长，陆宗舆是那个时候最亲日的，尤其同日本借债很有关系，章宗祥是那个时候驻日本的代表。所谓"曹陆章"三个代表都是亲日派的，还有旗上写的"日本人的孝子贤孙"四大金刚这些人都要打倒。

五月四日那天是礼拜天，那个时候学生好，他们要开会的时候，不在上课的时候开会，都要在礼拜天开会。他们从天安门开会，整队出中华门，沿路发传单，后来走到东交民巷。那个时候，外国公使馆都在东交民巷，他们想到美国大使馆和其他国家的使馆去请愿，要求他们的政府主持公道。走过东交民巷再往东，这班人是示威游行，到了东单牌楼石大人胡同一直到赵家楼，赵家楼的曹汝霖的家里，预备去见曹汝霖，要求他主张不要签字。结果曹家的大门都关上啦，大家都喊叫啦，学生们都生气啦，外面有几百名警察，把守曹汝霖的家。这些学生有的爬到墙上去，有的一个站下面，一个站在他的肩头上，再爬上去就跑到曹汝霖的家里。北方的房子很容易爬进去，墙都是低的，没有楼房的。有人进去开了门，学生都冲进去啦，曹汝霖也找不到，后来找到一个在曹家吃中饭的客人，就是驻日本公使的章宗祥，就把他打了一顿，他受伤啦。在这个时候，恐怕是曹家的人一把火把房子烧啦，结果火起来啦，学生就跑啦，在路上不是排队，大家散啦，结果就抓了几十个学生，各学校的校长就保学生，把学生保出来。这样子，一方面学生罢课，还是继续反对巴黎和会，继续反对日本，到外面讲演。

"五四"本来就是为巴黎和会不公道的决定，与中国不利的决定，要抗议，这样子开始的。这么一闹下去，抓学生啦，因为学生还继续在外面开会讲演，就是抵制日货，中国没有力量打日本，有力量致日本经济的方面死命，就是我们中国人不买日货，抵制日货。后来中国政府的警察就干涉，结果学生越弄越多，一直闹下去，闹到六月，到了后来学生更多啦，差不多每条街上都有在那里讲演，就是不买日货，抵制日货，我们用经济力量打日本，继续收回我们的权利。要求我们的代表不接受巴黎和会的决定，不许签字。这样闹到六月，然后我们中国政府大规模地抓学生，有的时候一千两千地抓，关到北京大学的法科里面，就是法学院。这样一来，几千学生被抓，消息传出去，到了上海、南京、安庆这些地方，商人罢市，工人罢工，商店都关门啦，结果政府也屈服啦，把曹汝霖、陆宗舆、章宗祥三个人免职，这就是国内政治上的胜利。国外政治胜利呢？那个时候全国都响应，各公共团体、爱国的团体，各地方的商会、学会、教育会、同学会都电报，无数的电报都打到巴黎和会去，不许中国代表签字，同时在欧洲中国留学生组织起来，组织监察队，监视中国代表团的行动，不许他们到巴黎和会去签字。结果中国代表团没有敢出席巴黎和会，因此在和约上没有签字。到第二年、第三年才在美国总统哈定另集所谓华盛顿会议，再重新提出中国的山东问题出来，然后我们收回了山东，收回了青岛的权利。这都是"五四"运动学生出来抗议，不接受巴黎和会关于山东的决定。中国代表团没有接受巴黎的议和的条约，是可以说我们留下来这一条路，把山东问题，经过华盛顿会议，中国同日本交涉才把青岛、山东（胶济路）收回。这是所谓"五四"运动。当天的情形就是这么一回事。你问"五四"的起因要追到第一次世界大战，要追到前一年，前几个月十一月十一日，就是一九一八年停战，从停战才产生巴黎的和会，在美国参战以前有许多秘密条约。要打仗，要有力量，要找朋友，找同盟国家。结果是不妨把我们这个弱国的权利拿来卖掉了之后，才能抓住朋友，所以他们这些国家等于应许了日本某种某种的权利，是我们吃亏。幸而这时候青年学生在一九一九年五月四日，在四十一年前的今天，这是"五四"运动本身是如此。

问：谢谢您这样详细告诉我们。

答：四十多年啦，大家都不记得啦，所以我讲得详细一点，对不起得很。

（从"五四"运动谈文学革命）

问："五四"运动有人比作"文艺复兴运动"，关于这一点，胡先生您一定有很深刻的见解，是不是可以请您谈一谈？

答：安先生，这件事不是这么简单，深刻不敢说。历史是很复杂的，这是很复杂的问题，我们那个时候一班人都年轻，二十多岁。远在"五四"以前，我们一班人还在外国留学的时候，一班年轻人注意中国文艺的问题、文学的问题、中国的文字问题、中国的教育问题、中国的思想问题、中国的社会问题，特别是中国的文学问题、文艺的问题。中国的文字很难，很难教，很难学，中国的文字是死的文字，死了两千年啦，语文是不一致。现在你们不觉得啦，在我们那个时候，小孩子念书，教科书都是古文写的，每一句话要翻译的，客气一点，叫讲书，讲书就是翻译，就是用现在的白话，翻译死了的古文，每一句话都是要翻译的。所以那个时候，是教育上的问题，教科书上的文字应该用什么文字，拿死的文字来教呢，还是用活的文字来教？文学用死的文字作文学呢，还是用活的文字作文学？要人人都听得懂，人人都看得懂。这些问题，远在那个时候大家在国内，也就是中国文艺复兴问题。不是一天，远在几十年，在民国以前，在革命以前，像梁启超先生他们，那就是一种革新文字。那个时候提倡小说，也就是新文字改革的起点。不过我们一班人，在美国做学生的时代，就在我们的宿舍里面彼此讨论。宿舍与宿舍之间、大学与大学之间讨论，所以就讨论到文字的问题，中国文字的改革问题、中国文学的改革问题，应该怎么样经过一种改革。所以远在一九一九年以前，在一九一五年、一九一六年我们在国外已经讨论很久很久啦，有好几个人，在国外反对我的就是梅光迪先生，在哈佛大学。同我参加讨论的有任叔永先生，有朱经农先生，我们都是在国外做学生的时代。我们那个时候就讨论中国文学的问题，后来有许多结论，其中的一个结论，就是中国的文字是死了的文字，这死文字不能够产生活的文学。这是我们的结论。要替中国造一个新的文学，只能用活的文字。活的文字在哪儿呢？就是我们一般老百姓嘴里说的，嘴里说得出来，耳朵听得懂，人人可以听得懂，人人可以看得懂，这是活的语言，就是白话。拿白话我们举出许多证据来，从古代慢慢地变下来，不知不觉地，有这个需要，尽管白话不能拿来考秀才，不能拿来考举人，也不能拿来考进士，也不能得翰林，不能求功名，不能做官。然而老百姓的要求，爱好真正文艺的人，有这个要求，已经走上一条用活的语言作文学的，比方《水浒传》、《红楼梦》、《儒林外史》这一类的，和《西游记》小说都是用活的语言作的。所以我们说这就是证据，我们有活的文字，可以有资格做中国文学的语言。不过我们这班朋友们，总是有些人守旧，你们这白话也好，也许有用处，白话只写那些人家看不起的小说，白话不够作上等的文学，特别是不能作诗，不能拿来作高等的文艺；高等的文艺，好的散文，尤其是诗要用古文作的。诗、词都是最高等的东西，绝不能用老百姓粗的土话拿来写，必须要经过一种训练，一种磨炼的上等人的文字。这样我们讨论，没有别的法子，我们主张从一九一七年、一九一六年在国外就开始，好啦，我们没有别的法子，我们来试试看。你承认白话可以作小说，可以产生伟大的小说，但是，不能作诗，好啦，我们拿白话来试试看。从前的确没有多少人用白话来作诗，有是有，不过没有一个人专门用白话来作诗的，也没有人提倡不许用古的死的文字来作诗的，用活的文字来作诗的，我们现在何妨试试看。所以我就在一九一六年的八月，我就向我的一班朋友宣告，我们从今天起，不作古文的诗，一定用白话来作诗。后来，中国的第一部诗集，叫《尝试集》，拿白话尝试来作诗，中国诗。我们那个时候远在一九一六年的八月，我们在国外就有这种运动，同学们讨论啦，做试验，作白话诗啦，到了一九一七年正月一号我的一篇文章叫做《文学改良刍议》，这是头一篇文章，我们在外国做留学生，第一次到国内来发表要提倡、要改革中国文字。我们那个时候，在一九一五年、一九一六年、一九一七年，我是一九一七年七月才回国的，我们在国外已经很激烈地讨论，讨论了多少年，有许多问题，其中讨论最激烈的就是文学问题。我们在一九一六年就已经决定啦，至少我个人决定啦，我们大家都已经得到结论啦。大家承认，就是最守旧的已经承认啦，白话够得上作小说，可以产生《水浒传》、《红楼梦》、《西游记》、《儒林外史》这一类的小说啦。这是已经让步啦，但是还有许多不承认的啦，就是守旧这班同学不承认，就是中国的俗语、土话、白话没有经过文人学者的训练、磨炼，所以不配产生高等的文学，不能作诗，不能作诗词，不能作高等的散文。所以我们那个时候打定主意，就是我个人在一九一五年、一九一六年八月就向朋友宣告，从这个时候起不用古文，不用死的文字作诗，以后要用白话，用活的语言，老百姓的话，用活的语言来作诗，作散文，作一切的文学。简单一句话，就是死的文字不能产生活的文学，而我们要替中华民国造一种新的文学，就得用活的语言来作。这个运动，我们在国外一班学生讨论，讨论了两年，到了一九一六年年底，我才写了一篇文章，把我们这一年半两年来，讨论的结果，这些结论写出来，写两个本子，同时发表。一个是留美学生季报，一年出四本，一个副本送给陈独秀先生主持的一个杂志叫《新青年》杂志，在上海出版的。那个时候陈独秀先生做北京大学的文科学长，现在我们叫文学院院长。他一方面做文科学长，一方面主持这个杂志。我这篇文章的一个本子寄给他，很和平的一篇文章，叫《文学改良刍议》，"刍议"就是一个草案，很谦虚的一篇文章。不过，陈独秀先生是同盟会老革命党出身，他看了我这篇文章，他很赞成。他接下去，在一九一七年二月《新青年》的第二期就发表《文学革命论》，在国内第一次提出"文学革命"这个说法，是陈独秀先生在一九一七年二月《新青年》提出来的。其实我们在国外那几年讨论，我常常谈到文学革命的问题，文学必须革命的，已经早就有啦。

所以，讨论中国革新的问题，用白话来作中国文学，一切的文学，诗、词、散文、小说、戏曲等一概都得用活的文学来写，早就讨论了，一九一七年才在国内开始成了公开讨论的大问题。很有趣的就是，我们一班留学生在国外大学宿舍里通信讨论一些问题，可是在国内有许多老辈，那些北京大学很有学问的国文先生，他们觉得不错，他们赞成，比如钱玄同先生啦，陈独秀先生，他们出来赞成。这样一来，在国内我们得到支持的人，得到赞成的人。在国外一班留学生在宿舍讨论的问题，在国内变成公开讨论的问题，所以就成了中国的文艺复兴运动，这个时候开始，远在公开发表的时候，一九一七年的正月初一出版的《新青年》杂志，我还没有回国的时候在国内已经讨论啦。等到我一九一七年回国加入这个讨论，《新青年》第一个杂志改用白话，登白话的文章，就成了全国的运动。

这个运动与"五四"运动有什么关系呢？我们那个时候讨论等于全国都有，那个时候的刊物很少。北京大学一班学生，傅斯年先生、罗家伦先生这一班人，都是北京大学的最优秀的学生，国学的程度，中国文学的训练，都是很高的。他们倒是看见他们的先生们的提倡是对的，他们加入，他们在一九一八年出版的一个杂志叫《新潮》，中文名字叫《新潮》，英文名字叫 *The Renaissance*，这是北京大学的学生傅斯年这一班人办的。Renaissance 就是再生，欧洲所谓文艺复兴运动。中国所谓文艺复兴运动，远在一九一九年以前。不过"五四"运动有什么关系呢？"五四"运动这么一来之后，北京大学的学生成了学生的领袖，北京大学的教授从前提倡所谓文艺复兴运动，就是用白话作文学这种主张，思想改革。文学革命这个话，从北京大学提倡，北京大学的地位提高啦，公认北京大学是对的，那时候各地学堂都有学生会，学生会他们要办刊物，都是小的刊物，或者用排印的，或者用油印的，或者手写壁报，学生要出刊物，学生要出壁报，大家自然而然都用白话作。

结果一九一九年、一九二〇年之中，我收到的各地方出的这种青年人出的刊物总在三十多种都用白话。所以，"五四"运动帮助文艺复兴，从前是限于《新青年》、《新潮》几个刊物，以后就变成一个全国的运动。但是，"五四"运动也可以说害了我们的文艺复兴。什么原故吧？"五四"运动刚才我讲的跟我们没有关系的，那是个没有计划的运动，"五四"是大家爱国心爆发，是北京大学学生领导，那个时候北京大学地位高，清华在那个时候叫清华学堂,师范大学叫高等师范,在北京的国立大学只有北京大学一个,所以大家说北京大学领头。结果,好像北京大学是领袖,同时呢,因为北京大学的先生们、学生们在前几年提倡思想解放、文学革命这种观念,结果慢慢借这个机会就推广出去啦。其实,与我们并不是一件事,并没有关系的。那是一个爱国运动,事先没有计划,没有一种有意的运动。比如孙中山先生有一封信,他写给海外的国民党的同志,那个时候是革命党的同志,在一九二〇年正月二十九日,他说:

> 自北京大学学生发生"五四"运动以来,一班爱国青年,无不以革新思想为将来革新事业之预备;于是蓬蓬勃勃,发抒言论,国内各界舆论,一致同倡,各种新出版物,为热心青年所举办者,纷纷应时而出,扬葩吐艳,各极其致;社会遂蒙绝大之影响,虽以顽劣之伪政府,犹且不敢撄其锋。此种新文化运动,在我国今日,诚思想界空前之大变动,推原其始,不过由于出版界之一二觉悟者,从事提倡,遂至舆论放大异彩,学潮弥漫全国,人皆激发天良,誓死为爱国之运动。倘能继长增高,其将来收效之伟大且久远者,可无疑也。吾党欲收革命之成功,必有赖于思想之变化,兵法攻心,语曰革心,皆此之故。故此种新文化运动,实为最有价值之事。……
>
> ——孙中山先生《致海外国民党同志书》

这封信是孙中山先生在"五四"以后七个多月写的,他的看法到现在我认为是很公允的。这件事本身就是"五四"与新文化运动,所谓"新思潮运动",所谓文艺复兴运动,不是一件事。不过这件事的本身呢,至少孙中山先生说,因为思想运动、文学运动在前,所以引起"五四"运动。至少他承认归功于思想革新,同时思想革新在兵法上说攻心,心理作战是最重要的。所以他的结论说:我党(革命党)要收革命之成功,必有赖于思想之变化。这样说起来,算是"五四"也可以说帮助,同时也可以说摧残,为什么呢?因为我们从前做的思想运动,文学革命的运动、思想革新的运动,完全不注重政治,到了"五四"之后,大家看看,学生是一个力量,是个政治的力量,思想是政治的武器,从此以后,不但国民党的领袖孙中山先生,后来国民党改组,充分地吸收青年分子。同时老的政党,梁启超先生他们那个时候叫研究系,他们吸收青年。所以从此以后,我们纯粹文学的、文化的、思想的一个文艺复兴运动,有的时候叫新思想运动、新思潮运动、新文化运动、文艺复兴运动就变了质啦,就走上政治一条路上。所以,现在那些小的政党都是那个时候出来的,中国国民党改组和共产党都是那个时候以后出来的。因此我们纯粹做文艺复兴运动就这几年工夫,我们从留学生时代算起,一九一五年、一九一六年、一九一七年、一九一八年、一九一九年的半年共四年半。要是从一九一七年正月一号算起吧,有两年的工夫,这两年工夫就变了质啦,变成一个政治力量啦,糟糕啦!这样一来,以后的局面也变啦。所以我们现在回到"五四"这一天,只能说"五四"本身绝不是文艺复兴运动,而"五四"本身是爱国运动,完全是青年人爱国思想暴露啦,事先没有一点计划,不是一种运动。在这一阵当中,对付中国国家的民族危险的问题,就是我们眼看见山东、青岛发生大问题,权利要掉啦,这是爱国问题。不过同时它一方面帮助我们的文艺复兴思想的运动,同时也可以算是害了我们这纯粹思想运动变成政治化啦,可以说变了质啦,在我个人看起来谁功谁罪,很难定,很难定,这是我的结论。(哈哈……哈……)

第四章　渴望生活

新思潮的意义
——研究学问 输入学理 整理国故 再造文明

原载《新青年》第七卷第一号
一九一九年十二月一日

一

近来报纸上发表过几篇解释"新思潮"的文章。我读了这几篇文章，觉得他们所举出的新思潮的性质，或太琐碎，或太笼统，不能算作新思潮运动的真确解释，也不能指出新思潮的将来趋势。即如包士杰先生的《新思潮是什么》一篇长文，列举新思潮的内容，何尝不详细？但是他究竟不曾使我们明白那种种新思潮的共同意义是什么。比较最简单的解释要算我的朋友陈独秀先生所举出的新青年两大罪案，——其实就是新思潮的两大罪案，——一是拥护德谟克拉西先生（民治主义），一是拥护赛因斯先生（科学）。陈先生说：

要拥护那德先生，便不得不反对孔教，礼法，贞节，旧伦理，旧政治。要拥护那赛先生，便不得不反对旧艺术，旧宗教。要拥护德先生，又要拥护赛先生，便不得不反对国粹和旧文学。（《新青年》六卷一号页一〇）

这话虽然很简明,但是还嫌太笼统了一点。假使有人问:"何以要拥护德先生和赛先生,便不能不反对国粹和旧文学呢?"答案自然是:"因为国粹和旧文学是同德、赛两位先生反对的。"又问:"何以凡同德、赛两位先生反对的东西都该反对呢?"这个问题可就不是几句笼统简单的话所能回答的了。

据我个人的观察,新思潮的根本意义只是一种新态度。这种新态度可叫做"评判的态度"。

评判的态度,简单说来,只是凡事要重新分别一个好与不好。仔细说来,评判的态度含有几种特别的要求:

(1)对于习俗相传下来的制度风俗,要问:"这种制度现在还有存在的价值吗?"

(2)对于古代遗传下来的圣贤教训,要问:"这句话在今日还是不错吗?"

(3)对于社会上糊涂公认的行为与信仰,都要问:"大家公认的,就不会错了吗?人家这样做,我也该这样做吗?难道没有别样做法比这个更好,更有理,更有益的吗?"

尼采说现今时代是一个"重新估定一切价值"(Transvaluation of all Values)的时代。"重新估定一切价值"八个字便是评判的态度的最好解释。从前的人说妇女的脚越小越美。现在我们不但不认小脚为"美",简直说这是"惨无人道"了。十年前,人家和店家都用鸦片烟敬客。现在鸦片烟变成犯禁品了。二十年前,康有为是洪水猛兽一般的维新党。现在康有为变成老古董了。康有为并不曾变换,估价的人变了,故他的价值也跟着变了。这叫做"重新估定一切价值"。

我以为现在所谓"新思潮",无论怎样不一致,根本上同有这公共的一点:——评判的态度。孔教的讨论只是要重新估定孔教的价值。文学的评论只是要重新估定旧文学的价值。贞操的讨论只是要重新估定贞操的道德在现代社会的价值。旧戏的评论只是要重新估定旧戏在今日文学上的价值。礼教的讨论只是要重新估定古代的纲常礼教在今日还有什么价值。女子的问题只是要重新估定女子在社会上的价值。政府与无政府的讨论,财产私有与公有的讨论,也只是要重新估定政府与财产等等制度在今日社会的价值。……我也不必往下数了,这些例很够证明这种评判的态度是新思潮运动的共同精神。

二

　　这种评判的态度，在实际上表现时，有两种趋势。一方面是讨论社会上，政治上，宗教上，文学上种种问题。一方面是介绍西洋的新思想，新学术，新文学，新信仰。前者是"研究问题"，后者是"输入学理"。这两项是新思潮的手段。

　　我们随便翻开这两三年以来的新杂志与报纸，便可以看出这两种的趋势。在研究问题一方面，我们可以指出：（1）孔教问题，（2）文学改革问题，（3）国语统一问题，（4）女子解放问题，（5）贞操问题，（6）礼教问题，（7）教育改良问题，（8）婚姻问题，（9）父子问题，（10）戏剧改良问题，等等。在输入学理一方面，我们可以指出《新青年》的"易卜生号"、"马克思号"，《民铎》的"现代思潮号"，《新教育》的"杜威号"，《建设》的"全民政治"的学理，和北京《晨报》、《国民公报》、《每周评论》，上海《星期评论》、《时事新报》、《解放与改造》，广州《民风周刊》……杂志报纸所介绍的种种西洋新学说。

　　为什么要研究问题呢？因为我们的社会现在正当根本动摇的时候，有许多风俗制度，向来不发生问题的，现在因为不能适应时势的需要，不能使人满意，都渐渐地变成困难的问题，不能不彻底研究，不能不考问旧日的解决法是否错误；如果错了，错在什么地方；错误寻出了，可有什么更好的解决方法；有什么方法可以适应现时的要求。例如孔教的问题，向来不成什么问题；后来东方文化与西方文化接近，孔教的势力渐渐衰微，于是有一班信仰孔教的人妄想要用政府法令的势力来恢复孔教的尊严；却不知道这种高压的手段恰好挑起一种怀疑的反动。因此，民国四五年的时候，孔教会的活动最大，反对孔教的人也最多。孔教成为问题就在这个时候。现在大多数明白事理的人，已打破了孔教的迷梦，这个问题又渐渐的不成问题了，故安福部的议员通过孔教为修身大本的议案时，国内竟没有人睬他们了！

　　又如文学革命的问题。向来教育是少数"读书人"的特别权利，于大多数人是无关系的，故文字的艰深不成问题。近来教育成为全国人的公共权利，人人知道普及教育是不可少的，故渐渐地有人知道文言在教育上实在不适用，于是文言白话就成为问题了。后来有人觉得单用白话做教科书是不中用的，因为世间决没有人情愿学一种除了教科书以外便没有用处的文字。这些人主张：古文不但不配做教育的工具，并且不配做文学的利器；若要提倡国语的教育，先须提倡国语的文学。文学革命的问题就是这样发生的。现在全国教育联合会已全体一致通过小学教科书改用国语的议案，况且用国语作文章的人也渐渐的多了，这个问题又渐渐的不成问题了。

为什么要输入学理呢？这个大概有几层解释。一来呢，有些人深信中国不但缺乏炮弹，兵船，电报，铁路，还缺乏新思想与新学术，故他们尽量地输入西洋近世的学说。二来呢，有些人自己深信某种学说，要想它传播发展，故尽力提倡。三来呢，有些人自己不能做具体的研究工夫，觉得翻译现成的学说比较容易些，故乐得做这种稗贩事业。四来呢，研究具体的社会问题或政治问题，一方面做那破坏事业，一方面做对症下药的工夫，不但不容易，并且很遭犯忌讳，很容易惹祸，故不如做介绍学说的事业，借"学理研究"的美名；既可以避"过激派"的罪名，又还可以种下一点革命的种子。五来呢，研究问题的人，势不能专就问题本身讨论，不能不从那问题的意义上着想；但是问题引申到意义上去，便不能不靠许多学理做参考比较的材料，故学理的输入往往可以帮助问题的研究。

这五种动机虽然不同，但是多少总含有一种"评判的态度"，总表示对于旧有学术思想的一种不满意，和对于西方的精神文明的一种新觉悟。

但是这两三年新思潮运动的历史应该给我们一种很有益的教训。什么教训呢？就是：这两三年来新思潮运动的最大成绩差不多全是研究问题的结果。新文学的运动便是一个最明白的例。这个道理很容易解释。凡社会上成为问题的问题，一定是与许多人有密切关系的。这许多人虽然不能提出什么新解决，但是他们平时对于这个问题自然不能不注意。若有人能把这个问题的各方面都细细分析出来，加上评判的研究，指出不满意的所在，提出新鲜的救济方法，自然容易引起许多人的注意。起初自然有许多人反对，但是反对便是注意的证据，便是兴趣的表示。试看近日报纸上登的马克思的《赢余价值论》，可有反对的吗？可有讨论的吗？没有人讨论，没有人反对，便是不能引起人注意的证据。研究问题的文章所以能发生效果，正为所研究的问题一定是社会人生最切要的问题，最能使人注意，也最能使人觉悟。悬空介绍某种专家学说，如《赢余价值论》之类，除了少数专门学者之外，决不会发生什么影响。但是我们可以在研究问题里面做点输入学理的事业，或用学理来解释问题的意义，或从学理上寻求解决问题的方法。用这种方法来输入学理，能使人于不知不觉之中感受学理的影响。不但如此，研究问题最能使读者渐渐地养成一种批评的态度，研究的兴趣，独立思想的习惯。十部"纯粹理性的评判"，不如一点评判的态度，十篇《赢余价值论》，不如一点研究的兴趣；十种"全民政治论"，不如一点独立思想的习惯。

总起来说：研究问题所以能于短时期中发生很大的效力，正因为研究问题有这几种好处：（1）研究社会人生切要的问题最容易引起大家的注意；（2）因为问题关切人生，故最容易引起反对，但反对是该欢迎的，因为反对便是兴趣的表示，况且反对的讨论不但给我们许多不要钱的广告，还可使我们得讨论的益处，使真理格外分明；（3）因为问题是逼人的活问题，故容易使人觉悟，容易得人信从；（4）因为从研究问题里面输入的学理，最容易消除平常人对于学理的抗拒力，最容易使人于不知不觉之中受学理的影响；（5）因为研究问题可以不知不觉地养成一班研究的，评判的，独立思想的革新人才。

这是这几年新思潮运动的大教训！我希望新思潮的领袖人物以后能了解这个教训，能把全副精力贯注到研究问题上去；能把一切学理不看作天经地义，但看作研究问题的参考材料；能把一切学理应用到我们自己的种种切要问题上去；能在研究问题上面做输入学理的工夫；能用研究问题的工夫来提倡研究问题的态度，来养成研究问题的人才。

这是我对于新思潮运动的解释。这也是我对于新思潮将来的趋向的希望。

三

以上说新思潮的"评判的精神"在实际上的两种表现。现在要问："新思潮的运动对于中国旧有的学术思想，持什么态度呢？"

我的答案是："也是评判的态度。"

分开来说，我们对于旧有的学术思想有三种态度。第一，反对盲从；第二，反对调和；第三，主张整理国故。

盲从是评判的反面，我们既主张"重新估定一切价值"，自然要反对盲从。这是不消说的了。

为什么要反对调和呢？因为评判的态度只认得一个是与不是，一个好与不好，一个适与不适，——不认得什么古今中外的调和。调和是社会的一种天然趋势。人类社会有一种守旧的惰性，少数人只管趋向极端的革新，大多数人至多只能跟你走半程路。这就是调和。调和是人类懒病的天然趋势，用不着我们来提倡。我们走了一百里路，大多数人也许勉强走三四十里。我们若先讲调和，只走五十里，他们就一步都不走了。所以革新家的责任只是认定"是"的一个方向走去，不要回头讲调和。社会上自然有无数懒人懦夫出来调和。

我们对于旧有的学术思想，积极的只有一个主张，——就是"整理国故"。整理就是从乱七八糟里面寻出一个条理脉络来；从无头无脑里面寻出一个前因后果来；从胡说谬解里面寻出一个真意义来；从武断迷信里面寻出一个真价值来。为什么要整理呢？因为古代的学术思想向来没有条理，没有头绪，没有系统，故第一步是条理系统的整理。因为前人研究古书，很少有历史进化的眼光的，故从来不讲究一种学术的渊源，一种思想的前因后果，所以第二步是要寻出每种学术思想怎样发生，发生之后有什么影响效果。因为前人读古书，除极少数学者以外，大都是以讹传讹的谬说——如太极图，爻辰，先天图，卦气……之类，——故第三步是要用科学的方法，做精确的考证，把古人的意义弄得明白清楚。因为前人对于古代的学术思想，有种种武断的成见，有种种可笑的迷信，——如骂杨朱、墨翟为禽兽，却尊孔丘为德配天地，道冠古今！——故第四步是综合前三步的研究，各家都还它一个本来真面目，各家都还它一个真价值。

这叫作"整理国故"。现在有许多人自己不懂得国粹是什么东西，却偏要高谈"保存国粹"。林琴南先生作文章论古文之不当废，他说，"吾知其理而不能言其所以然"！现在许多国粹党，有几个不是这样糊涂懵懂的？这种人如何配谈国粹？若要知道什么是国粹，什么是国渣，先须要用评判的态度，科学的精神，去做一番整理国故的工夫。

四

新思潮的精神是一种评判的态度。

新思潮的手段是研究问题与输入学理。

新思潮的将来趋势，依我个人的私见看来，应该是注重研究人生社会的切要问题，应该于研究问题之中做介绍学理的事业。

新思潮对于旧文化的态度，在消极一方面是反对盲从，是反对调和；在积极一方面，是用科学的方法来做整理的工夫。

新思潮的唯一目的是什么呢？是再造文明。

文明不是笼统造成的，是一点一滴地造成的。进化不是一晚上笼统进化的，是一点一滴地进化的。现今的人爱谈"解放与改造"，须知解放不是笼统解放，改造也不是笼统改造。解放是这个那个制度的解放，这种那种思想的解放，这个那个人的解放，是一点一滴的解放。改造是这个那个制度的改造，这种那种思想的改造，这个那个人的改造，是一点一滴的改造。

再造文明的下手工夫，是这个那个问题的研究。再造文明的进行，是这个那个问题的解决。

民国八年十一月一日晨三时

非个人主义的新生活

原载《时事新报》
一九二〇年一月十五日

这个题目是我在山东道上想着的,后来曾在天津学生联合会的学术讲演会讲过一次,又在唐山的学术讲演会讲过一次。唐山的讲演稿由一位刘赞清君记出,登在一月十五日《时事新报》上。我这一篇的大意是对于新村的运动贡献一点批评。这种批评是否合理,我也不敢说。但是我自信这一篇文字是研究考虑的结果,并不是根据于先有的成见的。

九,一,二二

本篇有两层意思:一是表示我不赞成现在一班有志青年所提倡,我所认为"个人主义的"新生活。一是提出我所主张的"非个人主义的"新生活,就是"社会的"新生活。

先说什么叫做"个人主义"(Individualism)。一月二日夜(就是我在天津讲演前一晚),杜威博士在天津青年会讲演"真的与假的个人主义",他说:个人主义有两种:

一、假的个人主义——就是为我主义(Egoism)。它的性质是自私自利:只顾自己的利益,不管群众的利益。

二、真的个人主义——就是个性主义(Individuality)。它的特性有两种:一是独立思想，不肯把别人的耳朵当耳朵，不肯把别人的眼睛当眼睛，不肯把别人的脑力当自己的脑力；二是个人对于自己思想信仰的结果要负完全责任，不怕权威，不怕监禁杀身，只认得真理，不认得个人的利害。

杜威先生极力反对前一种假的个人主义，主张后一种真的个人主义。这是我们都赞成的。但是他反对的那种自私自利的个人主义的害处，是大家都明白的。因为人多明白这种主义的害处，故它的危险究竟不很大。例如东方现在实行这种极端为我主义的"财主督军"，无论他们眼前怎样横行，究竟逃不了公论的怨恨，究竟不会受多数有志青年的崇拜。所以我们可以说这种主义的危险是很有限的。但是我觉得"个人主义"还有第三派，是很受人崇敬的，是格外危险的。这一派是：

三、独善的个人主义。它的共同性质是：不满意于现社会，却又无可如何，只想跳出这个社会去寻一种超出现社会的理想生活。

这个定义含有两部分：（1）承认这个现社会是没有法子挽救的了；（2）要想在现社会之外另寻一种独善的理想生活。自有人类以来，这种个人主义的表现也不知有多少次了。简括说来，共有四种：

（一）宗教家的极乐国。如佛家的净土，犹太人的伊丁园，别种宗教的天堂，天国，都属于这一派。这种理想的原起，都由于对现社会不满意。因为厌恶现社会，故悬想那些无量寿，无量光的净土；不识不知，完全天趣的伊丁园；只有快乐，毫无痛苦的天国。这种极乐国里所没有的，都是他们所厌恨的；所有的，都是他们所梦想而不能得到的。

（二）神仙生活。神仙的生活也是一种悬想的超出现社会的生活。人世有疾病痛苦，神仙无病长生；人世愚昧无知，神仙能知过去未来；人生不自由，神仙乘云邀游，来去自由。

（三）山林隐逸的生活。前两种是完全出世的，他们的理想生活是悬想的，渺茫的出世生活。山林隐逸的生活虽然不是完全出世的，也是不满意于现社会的表示。他们不满意于当时的社会政治，却又无能为力，只得隐姓埋名，逃出这个恶浊社会去做他们自己理想中的生活。他们不能"得君行道"，故对于功名利禄，表示藐视的态度；他们痛恨富贵的人骄奢淫逸，故说富贵如同天上的浮云，如同脚下的破草鞋。他们痛恨社会上有许多不耕而食，不劳而得的"吃白阶级"，故自己耕田锄地，自食其力。他们厌恶这污浊的社会，故实行他们理想中梅妻鹤子，渔蓑钓艇的洁净生活。

（四）近代的新村生活。近代的新村运动，如十九世纪法国、美国的理想农村，如现在日本日向的新村，照我的见解看起来，实在同山林隐逸的生活是根本相同的。那不同的地方，自然也有。山林隐逸是没有组织的，新村是有组织的：这是一种不同。隐遁的生活是同世事完全隔绝的，故有"不知有汉，遑论魏晋"的理想；现在的新村的人能有赏玩 Rodin 同 Cézanne 的幸福，还能在村外著书出报：这又是一种不同。但是这两种不同都是时代造成的，是偶然的，不是根本的区别。从根本性质上看来，新村的运动都是对于现社会不满意的表示。即如日向的新村，他们对于现在"少数人在多数人的不幸上，筑起自己的幸福"的社会制度，表示不满意，自然是公认的事实。周作人先生说日向新村里有人把中国看作"最自然，最自在的国"（《新潮》二，页七五）。这是他们对于日本政制极不满意的一种牢骚话，很可玩味的。武者小路实笃先生一班人虽然极不满意于现社会，却又不赞成用"暴力"的改革。他们都是"真心仰慕着平和"的人。他们于无可如何之中，想出这个新村的计划来。周作人先生说，"新村的理想，要将历来非暴力不能做到的事，用和平方法得来。"（《新青年》七，二，一三四）这个和平方法就是离开现社会，去做一种模范的生活。"只要万人真希望这种的世界，这世界便能实现。"（《新青年》同上）这句话不但是独善主义的精义，简直全是净土宗的口气了！所以我把新村来比山林隐逸，不算冤枉它；就是把它来比求净土天国的宗教运动，也不算玷辱它。不过它们的"净土"是在日向，不在西天罢了。

我这篇文章要批评的"个人主义的新生活"，就是指这一种跳出现社会的新村生活。这种生活，我认为是"独善的个人主义"的一种。"独善"两个字是从孟轲"穷则独善其身"一句话上来的。有人说：新村的根本主张是要人人"尽了对于人类的义务，却又完全发展自己个性"；如此看来，他们既承认"对于人类的义务"，如何还是独善的个人主义呢？我说：这正是个人主义的证据。试看古今来主张个人主义的思想家，从希腊的"狗派"（Cynic）以至十八九世纪的个人主义，哪一个不是一方面崇拜个人，一方面崇拜那广漠的"人类"的？主张个人主义的人，只是否认那些切近的伦谊，——或是家族，或是"社会"，或是国家，——但是因为要推翻这些比较狭小逼人的伦谊，不得不捧出那广漠不逼人的"人类"。所以凡是个人主义的思想家，没有一个不承认这个双重关系的。

新村的人主张"完全发展自己个性",故是一种个人主义。他们要想跳出现社会去发展自己个性,故是一种独善的个人主义。

这种新村的运动,因为恰合现在青年不满意于现社会的心理,故近来中国也有许多人欢迎,赞叹,崇拜。我也是敬仰武者先生一班人的,故也曾仔细考究这个问题。我考究的结果是不赞成这种运动,我以为中国的有志青年不应该仿行这种个人主义的新生活。

这种新村的运动有什么可以反对的地方呢?

第一,因为这种生活是避世的,是避开现社会的。这就是让步,这便不是奋斗。我们自然不应该提倡"暴力",但是非暴力的奋斗是不可少的。我并不是说武者先生一班人没有奋斗的精神。他们在日本能提倡反对暴力的论调,——如《一个青年的梦》——自然是有奋斗精神的。但是他们的新村计划想避开现社会里"奋斗的生活",去寻那现社会外"生活的奋斗",这便是一大让步。武者先生的《一个青年的梦》里的主人翁最后有几句话,很可玩味。他说:

……请宽恕我的无力。——宽恕我的话的无力。但我心里所有的对于美丽的国的仰慕,却要请诸君体察的。……"(《新青年》七,二,一〇二)

我们对于日向的新村应该做如此观察。

第二,在古代,这种独善主义还有存在的理由;在现代,我们就不该崇拜它了。古代的人不知道个人有多大的势力,故孟轲说:"穷则独善其身,达则兼善天下。"古人总想,改良社会是"达"了以后的事业,——是得君行道以后的事业;故承认个人——穷的个人——只能做独善的事业,不配做兼善的事业。古人错了。现在我们承认个人有许多事业可做。人人都是一个无冠的帝王,人人都可以做一些改良社会的事。去年的"五四"运动和"六三"运动,何尝是"得君行道"的人做出来的?知道个人可以做事,知道有组织的个人更可以做事,便可以知道这种个人主义的独善生活是不值得模仿的了。

第三,他们所信仰的"泛劳动主义"是很不经济的。他们主张:"一个人生存上必要的衣食住，论理应该用自己的力去得来，不该要别人代负这责任。"这话从消极一方面看，——从反对那"游民贵族"的方面看，——自然是有理的。但是从他们的积极实行方面看，他们要"人人尽劳动的义务，制造这生活的资料"，——就是衣食住的资料，——这便是"矫枉过正"了。人人要尽制造衣食住的资料的义务，就是人人要加入这生活的奋斗。（周作人先生再三说新村里平和幸福的空气，也许不承认"生活的奋斗"的话；但是我说的，并不是人同人争面包米饭的奋斗，乃是人在自然界谋生存的奋斗；周先生说新村的农作物至今还不够自用，便是一证。）现在文化进步的趋势，是要使人类渐渐减轻生活的奋斗至最低度，使人类能多分一些精力出来，做增加生活意味的事业。新村的生活使人人都要尽"制造衣食住的资料"的义务，根本上否认分工进化的道理，增加生活的奋斗，是很不经济的。

第四，这种独善的个人主义的根本观念就是周先生说的"改造社会，还要从改造个人做起"。我对于这个观念，根本上不能承认。这个观念的根本错误在于把"改造个人"与"改造社会"分作两截；在于把个人看作一个可以提到社会外去改造的东西。要知道个人是社会上种种势力的结果。我们吃的饭，穿的衣服，说的话，呼吸的空气，写的字，有的思想……没有一件不是社会的。我曾有几句诗，说："……此身非吾有：一半属父母，一半属朋友。"当时我以为把一半的我归功社会，总算很慷慨了。后来我才知道这点算学做错了！父母给我的真是极少的一部分。其余各种极重要的部分，如思想，信仰，知识，技术，习惯，等等，大都是社会给我的。我穿线袜的法子是一个徽州同乡教我的；我穿皮鞋打的结能不散开，是一个美国女朋友教我的。这两件极细碎的例，很可以说明这个"我"是社会上无数势力所造成的。社会上的"良好分子"并不是生成的，也不是个人修炼成的，——都是因为造成他们的种种势力里面，良好的势力比不良的势力多些。反过来，不良的势力比良好的势力多，结果便是"恶劣分子"了。古代的社会哲学和政治哲学只为要妄想凭空改造个人，故主张正心，诚意，独善其身的办法。这种办法其实是没有办法，因为没有下手的地方。近代的人生哲学渐渐变了，渐渐打破了这种迷梦，渐渐觉悟：改造社会的下手方法在于改良那些造成社会的种种势力——制度，习惯，思想，教育，等等。那些势力改良了，人也改良了。所以我觉得"改造社会要从改造个人做起"还是脱不了旧思想的影响。我们的根本观念是：

个人是社会上无数势力造成的。

改造社会须从改造这些造成社会、造成个人的种种势力做起。

改造社会即是改造个人。

新村的运动如果真是建筑在"改造社会要从改造个人做起"一个观念上，我觉得那是根本错误了。改造个人也是要一点一滴地改造那些造成个人的种种社会势力。不站在这个社会里来做这种一点一滴的社会改造，却跳出这个社会去"完全发展自己个性"，这便是放弃现社会，认为不能改造；这便是独善的个人主义。

以上说的是本篇的第一层意思。现在我且简单说明我所主张的"非个人主义的"新生活是什么。这种生活是一种"社会的新生活"；是站在这个现社会里奋斗的生活；是霸占住这个社会来改造这个社会的新生活。它的根本观念有三条：

（一）社会是种种势力造成的，改造社会须要改造社会的种种势力。这种改造一定是零碎的改造，——一点一滴的改造，一尺一步的改造。无论你的志愿如何宏大，理想如何彻底，计划如何伟大，你总不能笼统地改造，你总不能不做这种"得寸进寸，得尺进尺"的工夫。所以我说：社会的改造是这种制度那种制度的改造，是这种思想那种思想的改造，是这个家庭那个家庭的改造，是这个学堂那个学堂的改造。

（附注）有人说："社会的种种势力是互相牵制的，互相影响的。这种零碎的改造，是不中用的。因为你才动手改这一种制度，其余的种种势力便围拢来牵制你了。如此看来，改造还是该做笼统的改造。"我说不然。正因为社会的势力是互相影响牵制的，故一部分的改造自然会影响到别种势力上去。这种影响是最切实的，最有力。近年来的文字改革，自然是局部的改革，但是它所影响的别种势力，竟有意想不到的多。这不是一个很明显的例吗？

（二）因为要做一点一滴的改造，故有志做改造事业的人必须要时时刻刻存研究的态度，做切实的调查，下精细的考虑，提出大胆的假设，寻出实验的证明。这种新生活是研究的生活，是随时随地解决具体问题的生活。具体的问题多解决了一个，便是社会的改造进了那么多一步。做这种生活的人要睁开眼睛，公开心胸；要手足灵敏，耳目聪明，心思活泼；要欢迎事实，要不怕事实；要爱问题，要不怕问题的逼人！

（三）这种生活是要奋斗的。那避世的独善主义是与人无忤，与世无争的，故不必奋斗。这种"淑世"的新生活，到处翻出不中听的事实，到处提出不中听的问题，自然是很讨人厌的，是一定要招起反对的。反对就是兴趣的表示，就是注意的表示。我们对于反对的旧势力，应该做正当的奋斗，不可退缩。我们的方针是：奋斗的结果，要使社会的旧势力不能不让我们；切不可先就偃旗息鼓退出现社会去，把这个社会双手让给旧势力。换句话说，应该使旧社会变成新社会，使旧村变为新村，使旧生活变为新生活。

我且举一个实际的例。英美近二三十年来，有一种运动，叫做"贫民区域居留地"的运动（Social Settlements）。这种运动的大意是：一班青年的男女——大都是大学的毕业生，——在本地拣定一块极龌龊、极不堪的贫民区域，买一块地，造一所房屋。这一班人便终日在这里面做事。这屋里，凡是物质文明所赐的生活需要品，——电灯，电话，热气，浴室，游水池，钢琴，话匣，等等，——无一不有。他们把附近的小孩子，——垢面的孩子，顽皮的孩子，——都招拢来，教他们游水，教他们读书，教他们打球，教他们演说辩论，组成音乐队，组成演剧团，教他们演戏奏艺。还有女医生和看护妇，天天出去访问贫家，替他们医病，帮他们接生和看护产妇。病重的，由"居留地"的人送入公家医院。因为天下贫民都是最安本分的，他们眼见那高楼大屋的大医院，心里以为这定是为有钱人家造的，决不是替贫民诊病的；所以必须有人打破他们这种见解，教他们知道医院不是专为富贵人家的。还有许多贫家的妇女每日早晨出门做工，家里小孩子无人看管，所以"居留地"的人教他们把小孩子每天寄在"居留地"里，有人替他们洗浴，换洗衣服，喂他们饮食，领他们游戏。到了晚上，他们的母亲回来了，各人把小孩领回去。这种小孩子从小就在洁净慈爱的环境里长大，渐渐养成了良好习惯，回到家中，自然会把从前的种种污秽的环境改了。家中的大人也因时时同这种新生活接触，渐渐地改良了。我在纽约时，曾常常去看亨利街上的一所居留地，是华德女士（Lilian Wald）办的。有一晚我去看那条街上的贫家子弟演戏，演的是贝里（Barry）的名剧。我至今回想起来，他们演戏的程度比我们大学的新戏高得多呢！

这种生活是我所说的"非个人主义的新生活"！是我所说的"变旧社会为新社会，变旧村为新村"的生活！这也不是用"暴力"去得来的！我希望中国的青年要做这一类的新生活，不要去模仿那跳出现社会的独善生活。我们的新村就在我们自己的旧村里！我们所要的新村是要我们自己的旧村变成的新村！

可爱的男女少年！我们的旧村里我们可做的事业多得很呢！村上的鸦片烟灯还有多少？村上的吗啡针害死了多少人？村上缠脚的女子还有多少？村上的学堂成个什么样子？村上的绅士今年卖选票得了多少钱？村上的神庙香火还是怎样兴旺？村上的医生断送了几百条人命？村上的煤矿工人每日只拿到五个铜子，你知道吗？村上多少女工被贫穷逼去卖淫，你知道吗？村上的工厂没有避火的铁梯，昨天火起，烧死了一百多人，你知道吗？村上的童养媳妇被婆婆打断了一条腿，村上的绅士逼他的女儿饿死做烈女，你知道吗？

有志求新生活的男女少年！我们有什么权利，丢开这许多的事业去做那避世的新村生活！我们放着这个恶浊的旧村，有什么面孔，有什么良心，去寻那"和平幸福"的新村生活！

九，一，二六

梦想一个理想的牢狱

胡适为《东方杂志》"新年的梦想"征文所写的应征答案,但未见发表。录自《胡适全集》书信卷,安徽教育出版社,二〇〇五版

我梦想一个理想的牢狱,我在那里面受十年或十五年的监禁。在那里面,我不许见客,不许见亲属,只有星期日可以会见他们。可是我可以读书,可以向外面各图书馆借书进来看,可以把我自己的藏书搬一部分进来用。我可以有纸墨笔砚,每天可以做八小时的读书著述工作。每天有人监督我做一点钟的体操,或一两点钟的室外手工,如锄地、扫园子、种花、挑水一类的工作。

如果我有这样十年或十五年的梦想生活,我可以把我能做的工作全部都做出,岂不快哉!

赠与今年的大学毕业生

原载《独立评论》第七号
一九三二年七月三日

这一两个星期里，各地的大学都有毕业的班级，都有很多的毕业生离开学校去开始他们的成人事业。学生的生活是一种享有特殊优待的生活，不妨幼稚一点，不妨吵吵闹闹，社会都能纵容他们，不肯严格地要他们负行为的责任。现在他们要撑起自己的肩膀来挑他们自己的担子了。在这个国难最紧急的年头，他们的担子真不轻！我们祝他们的成功，同时也不能不依据我们自己的经验，赠与他们几句送行的赠言——虽未必是救命毫毛，也许做个防身的锦囊罢！

你们毕业之后，可走的路不出这几条：绝少数的人还可以在国内或国外的研究院继续做学术研究；少数的人可以寻着相当的职业；此外还有做官、办党、革命三条路；此外就是在家享福或者失业闲居了。第一条继续求学之路，我们可以不讨论。走其余几条路的人，都不能没有堕落的危险。堕落的方式很多，总括起来，约有这两大类：

第一是容易抛弃学生时代的求知识的欲望。你们到了实际社会里，往往所用非所学，往往所学全无用处，往往可以完全用不着学问，而一样可以胡乱混饭吃，混官做。在这种环境里，即使向来抱有求知识学问的决心的人，也不免心灰意懒，把求知的欲望渐渐冷淡下去。况且学问是要有相当的设备的；书籍，试验室，师友的切磋指导，闲暇的工夫，都不是一个平常要糊口养家的人所能容易办到的。没有做学问的环境，又谁能怪我们抛弃学问呢？

第二是容易抛弃学生时代的理想的人生的追求。少年人初次与冷酷的社会接触，容易感觉理想与事实相去太远，容易发生悲观和失望。多年怀抱的人生理想，改造的热诚，奋斗的勇气，到此时候，好像全不是那么一回事，渺小的个人在那强烈的社会炉火里，往往经不起长时期的烤炼就熔化了，一点高尚的理想不久就幻灭了。抱着改造社会的梦想而来，往往是弃甲曳兵而走，或者做了恶势力的俘虏。你在那俘虏牢狱里，回想那少年气壮时代的种种理想主义，好像都成了自误误人的迷梦！从此以后，你就甘心放弃理想人生的追求，甘心做现成社会的顺民了。

要防御这两方面的堕落，一面要保持我们求知识的欲望，一面要保持我们对于理想人生的追求。有什么好法子呢？依我个人的观察和经验，有三种防身的药方是值得一试的。

第一个方子只有一句话："总得时时寻一两个值得研究的问题！"问题是知识学问的老祖宗；古往今来一切知识的产生与积聚，都是因为要解答问题，——要解答实用上的困难或理论上的疑难。所谓"为知识而求知识"，其实也只是一种好奇心追求某种问题的解答，不过因为那种问题的性质不必是直接应用的，人们就觉得这是"无所为"的求知识了。我们出学校之后，离开了做学问的环境，如果没有一个两个值得解答的疑难问题在脑子里盘旋，就很难继续保持追求学问的热心。可是，如果你有了一个真有趣的问题天天逗你去想它，天天引诱你去解决它，天天对你挑衅笑你无可奈何它，——这时候，你就会同恋爱一个女子发了疯一样，坐也坐不下，睡也睡不安，没工夫也得偷出工夫去陪它，没钱也得撙衣节食去巴结它。没有书，你自会变卖家私去买书；没有仪器，你自会典押衣服去置办仪器；没有师友，你自会不远千里去寻师访友。你只要能时时有疑难问题来逼你用脑子，你自然会保持发展你对学问的兴趣，即使在最贫乏的智识环境中，你也会慢慢地聚起一个小图书馆来，或者设置起一所小试验室来。所以我说：第一要寻问题。脑子里没有问题之日，就是你的智识生活寿终正寝之时！古人说："待文王而兴者，凡民也。若夫豪杰之士，虽无文王犹兴。"试想葛理略（Galieo

和牛敦（Newton）有多少藏书？有多少仪器？他们不过是有问题而已。有了问题而后，他们自会造出仪器来解答他们的问题。没有问题的人们，关在图书馆里也不会用书，锁在试验室里也不会有什么发现。

第二个方子也只有一句话："总得多发展一点非职业的兴趣。"离开学校之后，大家总得寻个吃饭的职业。可是你寻得的职业未必就是你所学的，或者未必是你所心喜的，或者是你所学而实在和你的性情不相近的。在这种状况之下，工作就往往成了苦工，就不感觉兴趣了。为糊口而做那种非"性之所近而力之所能勉"的工作，就很难保持求知的兴趣和生活的理想主义。最好的救济方法只有多多发展职业以外的正当兴趣与活动。一个人应该有他的职业，又应该有他的非职业的玩艺儿，可以叫作业余活动。凡一个人用他的闲暇来做的事业，都是他的业余活动。往往他的业余活动比他的职业还更重要，因为一个人的前程往往全靠他怎样用他的闲暇时间。他用他的闲暇来打麻将，他就成了赌徒；你用你的闲暇来做社会服务，你也许成个社会改革者；或者你用你的闲暇去研究历史，你也许成个史学家。你的闲暇往往定你的终身。英国十九世纪的两个哲人，弥儿（J. S. Miller）终身做东印度公司的秘书，然而他的业余工作使他在哲学上、经济学上、政治思想史上都占一个很高的位置；斯宾塞（Spencer）是一个测量工程师，然而他的业余工作使他成为前世纪晚期世界思想界的一个重镇。古来成大学问的人，几乎没有一个不是善用他的闲暇时间的。特别在这个组织不健全的中国社会，职业不容易适合我们性情，我们要想生活不苦痛或不堕落，只有多方发展业余的兴趣，使我们的精神有所寄托，使我们的剩余精力有所施展。有了这种心爱的玩艺儿，你就做六个钟头的抹桌子工夫也不会感觉烦闷了，因为你知道，抹了六点钟的桌子之后，你可以回家去做你的化学研究，或画完你的大幅山水，或写你的小说戏曲，或继续你的历史考据，或做你的社会改革事业。你有了这种称心如意的活动，生活就不枯寂了，精神也就不会烦闷了。

第三个方子也只有一句话："你总得有一点信心。"我们生当这个不幸的时代，眼中所见，耳中所闻，无非是叫我们悲观失望的。特别是在这个年头毕业的你们，眼见自己的国家民族沉沦到这步田地，眼看世界只是强权的世界，望极天边好像看不见一线的光明，在这个年头不发狂自杀，已算是万幸了，怎么还能够希望保持一点内心的镇定和理想的信任呢？我要对你们说：这时候正是我们要培养我们的信心的时候！只要我们有信心，我们还有救。古人说："信心（Faith）可以移山。"又说："只要工夫深，生铁磨成绣花针。"你不信吗？当拿破仑的军队征服普鲁士占据柏林的时候，有一位穷教授叫做费舒特（Fichte）的，天天在讲堂上劝他的国人要有信心，要信仰他们的民族是有世界的特殊使命的，是必定要复兴的。费希特死的时候（一八一四年），谁也不能预料德意志统一帝国何时可以实现。然而不满五十年，新的统一的德意志帝国居然实现了。

一个国家的强弱盛衰，都不是偶然的，都不能逃出因果的铁律的。我们今日所受的苦痛和耻辱，都只是过去种种恶因种下的恶果。我们要收将来的善果，必须努力种现在的新因。一粒一粒的种，必有满仓满屋的收，这是我们今日应该有的信心。

我们要深信：今日的失败，都由于过去的不努力。

我们要深信：今日的努力，必定有将来的大收成。

佛典里有一句话："福不唐捐。"唐捐就是白白地丢了。我们也应该说："功不唐捐！"没有一点努力是会白白地丢了的。在我们看不见想不到的时候，在我们看不见想不到的方向，你瞧！你下的种子早已生根发叶开花结果了！

……①

朋友们，在你最悲观最失望的时候，那正是你必须鼓起坚强的信心的时候。你要深信：天下没有白费的努力。成功不必在我，而功力必不唐捐。

二十一，六，二十七夜

---

① 此处有删节。

信心与反省

原载《独立评论》第一〇三号
一九三四年六月三日

这一期(《独立》一〇三期)里有寿生先生的一篇文章,题为"我们要有信心",在这文里,他提出一个大问题:中华民族真不行吗?他自己的答案是:我们是还有生存权的。

我很高兴我们的青年在这种恶劣空气里还能保持他们对于国家民族前途的绝大信心。这种信心是一个民族生存的基础,我们当然是完全同情的。

可是我们要补充一点:这种信心本身要建筑在稳固的基础之上,不可站在散沙之上。如果信仰的根据不稳固,一朝根基动摇了,信仰也就完了。

寿生先生不赞成那些旧人"拿什么五千年的古国哟,精神文明哟,地大物博哟,来遮丑"。这是不错的。然而他自己提出的民族信心的根据,依我看来,文字上虽然和他们不同,实质上还是和他们同样的站在散沙之上,同样的挡不住风吹雨打。例如他说:

我们今日之改进不如日本之速者,就是因为我们的固有文化太丰富了。富于创造性的人,个性必强,接受性就较缓。

这种思想在实质上和那五千年古国精神文明的迷梦是同样的无稽的夸大。第一，他的原则"富于创造性的人，个性必强，接受性就较缓"，这个大前提就是完全无稽之谈，就是懒惰的中国士大夫捏造出来替自己遮丑的胡说。事实上恰是相反的：凡富于创造性的人必敏于模仿，凡不善模仿的人决不能创造。创造是一个最误人的名词，其实创造只是模仿到十足时的一点点新花样。古人说得最好："太阳之下，没有新的东西。"一切所谓创造都从模仿出来。我们不要被新名词骗了。新名词的模仿就是旧名词的"学"字；"学之为言效也"是一句不磨的老话。例如学琴，必须先模仿琴师弹琴；学画，必须先模仿画师作画；就是画自然界的景物，也是模仿。模仿熟了，就是学会了，工具用得熟了，方法练得细密了，有天才的人自然会"熟能生巧"，这一点功夫到时的奇巧新花样就叫做创造。凡不肯模仿，就是不肯学人的长处。不肯学如何能创造？葛理略（Galileo）听说荷兰有个磨镜匠人做成了一座望远镜，他就依他听说的造法，自己制造了一座望远镜。这就是模仿，也就是创造。从十七世纪初年到如今，望远镜和显微镜都年年有进步，可是这三百年的进步，步步是模仿，也步步是创造。一切进步都是如此：没有一件创造不是先从模仿下手的。孔子说得好：

　　三人行，必有我师焉：择其善者而从之，其不善者而改之。

这就是一个圣人的模仿。懒人不肯模仿，所以决不会创造。一个民族也和个人一样，最肯学人的时代就是那个民族最伟大的时代；等到他不肯学人的时候，他的盛世已过去了，他已走上衰老僵化的时期了，我们中华民族最伟大的时代，正是我们最肯模仿四邻的时代：从汉到唐宋，一切建筑、绘画、雕刻、音乐、宗教、思想、算学、天文、工艺，哪一件里没有模仿外国的重要成分？佛教和它带来的美术建筑，不用说了。从汉朝到今日，我们的历法改革，无一次不是采用外国的新法；最近三百年的历法是完全学西洋的，更不用说了。到了我们不肯学人家的好处的时候，我们的文化也就不进步了。我们到了民族中衰的时代，只有懒劲学印度人的吸食鸦片，却没有精力学满洲人的不缠脚，那就是我们自杀的法门了。

　　第二，我们不可轻视日本人的模仿。寿生先生也犯了一般人轻视日本的恶习惯，抹杀日本人善于模仿的绝大长处。日本的成功，正可以证明我在上文说的"一切创造都从模仿出来"的原则。寿生说：

> 从唐以至日本明治维新，千数百年间，"日本有一件事足为中国取镜者吗？中国的学术思想在它手里去发展改进过吗？我们实无法说有。"

这又是无稽的诬告了。三百年前，朱舜水到日本，他居留久了，能了解那个岛国民族的优点，所以他写信给中国的朋友说，日本的政治虽不能上比唐、虞，可以说比得上三代盛世。这是一个中国大学者在长期寄居之后下的考语，是值得我们的注意的。日本民族的长处全在他们肯一心一意地学别人的好处。他们学了中国的无数好处，但始终不曾学我们的小脚，八股文，鸦片烟。这不够"为中国取镜"吗？他们学别国的文化，无论在哪一方面，凡是学到家的，都能有创造的贡献。这是必然的道理。浅见的人都说日本的山水人物画是模仿中国的；其实日本画自有它的特点，在人物方面的成绩远胜过中国画，在山水方面也没有走上四王的笨路。在文学方面，他们也有很大的创造。近年已有人赏识日本的小诗了。我且举一个大家不甚留意的例子。文学史家往往说日本的《源氏物语》等作品是模仿中国唐人的小说《游仙窟》等书的。现今《游仙窟》已从日本翻印回中国来了，《源氏物语》也有了英国人卫来先生（Athur waley）的五巨册的译本。我们若比较这两部书，就不能不惊叹日本人创造力的伟大。如果"源氏"真是从模仿《游仙窟》出来的，那真是徒弟胜过师傅千万倍了！寿生先生原文里批评日本的工商业，也是中了成见的毒。日本今日工商业的长脚发展，虽然也受了生活程度比人低和货币低落的恩惠，但它的根基实在是全靠科学与工商业的进步。今日大阪与兰肯歇的竞争，骨子里还是新式工业与旧式工业的竞争。日本今日自造的纺织器是世界各国公认为最新最良的。今日英国纺织业也不能不购买日本的新机器了。这是从模仿到创造的最好的例子。不然，我们工人的工资比日本更低，货币平常也比日本钱更贱，为什么我们不能"与他国资本家抢商场"呢？我们到了今日，若还要抹杀事实，笑人模仿，而自居于"富于创造性者"的不屑模仿，那真是盲目的夸大狂了。

第三，再看看"我们的固有文化"是不是真的"太丰富了"。寿生和其他夸大本国固有文化的人们，如果真肯平心想想，必然也会明白这句话也是无根的乱谈。这个问题太大，不是这篇短文里所能详细讨论的，我只能指出几个比较重要之点，使人明白我们的固有文化实在是很贫乏的，谈不到"太丰富"的梦话。近代的科学文化，工业文化，我们可以撇开不谈，因为在那些方面，我们的贫乏未免太丢人了。我们且谈谈老远的过去时代吧。我们的周秦时代当然可以和希腊、罗马相提并论，然而我们如果平心研究希腊、罗马的文学，雕刻，科学，政治，单是这四项就不能不使我们感觉我们的文化的贫乏了。尤其是造形美术与算学的两方面，我们真不能不低头愧汗。我们试想想，《几何原本》的作者欧几里得（Euclid）正和孟子先后同时；在那么早的时代，在二千多年前，我们在科学上早已太落后了！（少年爱国的人何不试拿《墨子·经上篇》里的三五条几何学界说来比较《几何原本》？）从此以后，我们所有的，欧洲也都有；我们所没有的，人家所独有的，人家都比我们强。试举一个例子：欧洲有三个一千年的大学，有许多个五百年以上的大学，至今继续存在，继续发展，我们有没有？至于我们所独有的宝贝，骈文，律诗，八股，小脚，太监，姨太太，五世同居的大家庭，贞节牌坊，地狱活现的监狱，廷杖，板子夹棍的法庭……虽然"丰富"，虽然"在这世界无不足以单独成一系统"，究竟都是使我们抬不起头来的文物制度。即如寿生先生指出的"那更光辉万丈"的宋明理学，说起来也真正可怜！讲了七八百年的理学，没有一个理学圣贤起来指出裹小脚是不人道的野蛮行为，只见大家崇信"饿死事极小，失节事极大"的吃人礼教：请问那万丈光辉究竟照耀到哪里去了？

以上说的，都只是略略指出寿生先生代表的民族信心是建筑在散沙上面，经不起风吹草动，就会倒塌下来的。信心是我们需要的，但无根据的信心是没有力量的。

可靠的民族信心，必须建筑在一个坚固的基础之上，祖宗的光荣自是祖宗之光荣，不能救我们的痛苦羞辱。何况祖宗所建的基业不全是光荣呢？我们要指出：我们的民族信心必须站在"反省"的唯一基础之上。反省就是要闭门思过，要诚心诚意地想，我们祖宗的罪孽深重，我们自己的罪孽深重；要认清了罪孽所在，然后我们可以用全副精力去消灾灭罪。寿生先生引了一句"中国不亡是无天理"的悲叹词句，他也许不知道这句伤心的话是我十三四年前在中央公园后面柏树下对孙伏园先生说的，第二天被他记在《晨报》上，就流传至今。我说出那句话的目的，不是要人消极，是要人反省；不是要人灰心，是要人起信心，发下大弘誓来忏悔，来替祖宗忏悔，替我们自己忏悔；要发愿造新因来替代旧日种下的恶因。

今日的大患在于全国人不知耻。所以不知耻者，只是因为不曾反省。一个国家兵力不如人，被人打败了，被人抢夺了一大块土地去，这不算是最大的耻辱。一个国家在今日还容许整个的省份遍种鸦片烟，一个政府在今日还要依靠鸦片烟的税收——公卖税，吸户税，烟苗税，过境税——来做政府的收入的一部分，这是最大的耻辱。一个现代民族在今日还容许他们的最高官吏公然提倡什么"时轮金刚法会""息灾利民法会"，这是最大的耻辱。一个国家有五千年的历史，而没有一个四十年的大学，甚至于没有一个真正完备的大学，这是最大的耻辱。一个国家能养三百万不能捍卫国家的兵，而至今不肯计划任何区域的国民义务教育，这是最大的耻辱。

真诚的反省自然发生真诚的愧耻。孟子说得好："不耻不若人，何若人有？"真诚的愧耻自然引起向上的努力，要发弘愿努力学人家的好处，铲除自家的罪恶。经过这种反省与忏悔之后，然后可以起新的信心：要信仰我们自己正是拨乱反正的人，这个担子必须我们自己来挑起。三四十年的天足运动已经差不多完全铲除了小脚的风气：从前大脚的女人要装小脚，现在小脚的女人要装大脚了。风气转移得这样快，这不够坚定我们的自信心吗？

历史的反省自然使我们明了今日的失败都因为过去的不努力，同时也可以使我们格外明了"种瓜得瓜，种豆得豆"的因果铁律。铲除过去的罪孽只是割断已往种下的果。我们要收新果，必须努力造新因。祖宗生在过去的时代，他们没有我们今日的新工具，也居然能给我们留下了不少的遗产。"我们今日有了祖宗不曾梦见的种种新工具，当然应该有比祖宗高明千百倍的成绩，才对得起这个新鲜的世界。日本一个小岛国，那么贫瘠的土地，那么少的人民，只因为伊藤博文，大久保利通，西乡隆盛等几十个人的努力，只因为他们肯拼命地学人家，肯拼命地用这个世界的新工具，居然在半个世纪之内一跃而为世界三五大强国之一。这不够鼓舞我们的信心吗？

反省的结果应该使我们明白那五千年的精神文明，那"光辉万丈"的宋明理学，那并不太丰富的固有文化，都是无济于事的银样蜡枪头。我们的前途在我们自己的手里。我们的信心应该望在我们的将来。我们的将来全靠我们下什么种，出多少力。"播了种一定会有收获，用了力决不至于白费"：这是翁文灏先生要我们有的信心。

二十三，五，二十八

新年的梦想

原载《大公报》『星期论文』

一九三五年一月六日

　　新年前的两日，我正在做长途的旅行。寂寞的旅途是我最欢迎的，因为平常某日有应做的事，有不能不见的客，很少有整天可以自由用来胡思乱想的；只有在火车和轮船上，如果熟人不多，大可以终日关在一间小房间里，靠在枕头上，让记忆和想象上天下地地自由活动，这在我们穷忙的人是最快乐的一件事。

　　这两天在火车上，因为要替《大公报》写新年的第一篇星期论文，虽然有机会胡思乱想，总想从跑野马的思路里寻出一个好题目来作这篇应节的文字，所以我一路上想的是"我盼望我们这个国家在这新开始的一年里可以做到的几件什么事？"我是向来说平实话的，所以跑野马的结果也还是"卑之无甚高论"。

　　我上了火车，就想起上次十月底我南行时在火车上遇着的一位奇特的朋友。这人就是国联派来的卫生专家史丹巴（Stamper）先生，他是犹哥斯拉夫国的一个伟人，他在他自己国内曾尽力做过长期的乡村运动，很受人民的敬爱。他在中国十二个月，走遍十六个省份，北到宁夏，南到云南，到处创设卫生机关。在中国的无数外国专家，很少（也许绝无）人有他那样勤苦尽力的。

　　在平浦的火车里，史丹巴先生和我谈了许多话，其中有一段话我最不能忘记。他说："先生，中国有一个最大的危险，有一件最不公逼酗罪恶，是全世界文明国家所决不容许的。中国整个政府的负担，无论是中央或地方政府，全都负担在那绝大多数的贫苦农民的肩背上；而有资产的阶级差不多全没有纳税的负担。越有钱，越可以不纳税；越没钱，纳税越重。这是全世界没有的绝大不公平。这样的国家是时时刻刻可以崩溃的。"

　　史丹巴先生悲愤地指出的罪恶，是值得我们深刻地惭愧，诚恳地忏悔，勇猛地补救的。我们的赋税制度实在是太不公道了。抽税的轻重应该是依据纳税的能力的大小，而我们的赋税却是依据避税的本领的大小：有力抗税则无税，有法嫁税则无税，而无力抗税又无法嫁税的农民则赋税特别繁重。不但钱粮票附加到几倍或几十倍，小百姓挑一担菜进城，赶一只猪上市，甚至于装一船粪过河，都得纳重税。而社会上最有经济能力的阶级，除了轻微到不觉得的间接税之外，可以说是完全不用纳税。在许多地方，土豪劣绅不但不用纳税，还可以包庇别人不纳税，而他们抽分包庇的利益。都市里有钱有势的人们，连房捐都可以不纳，收税机关也不敢过问。所得税办到今天，还只限于官吏和公立学校的教员；而都市商家，公司银行，每年公布巨大赢余，每年公然分派红利，国家从不能抽他一个钱的所得税。国家财政所靠的三五项大宗收入，关税、盐税、田税、统税，其最大负担都压在那百分之九十几的贫苦农民身上。人民吃不起盐了，穷到刨削地土上的硝盐，又还要犯罪受罚！

　　这种情形真是一个文明国家不能容许的。所以我的第一个新年梦想是梦想在这个新年里可以看见中国赋税制度的转变，从间接税转变到注意直接税，从贫民负担转变到依纳税能力级进的公开原则。遗产税是应该举办的；所得税应该从速推进到一切有营利可以稽查的营业。

　　我这回在火车上遇着一位在上海做律师的朋友，他告诉我一个故事，也使我很感动。他说有一天，他同一位俄国朋友到上海新开幕的"国际大饭店"去吃饭，那位俄国朋友参观了那个最新式的大饭店的种种设备，忍不住说了一句话："华丽和舒服都够得上第一等了，可惜不是中国今日顶需要的。"他接着说："中国今日还不能解决人民的吃饭问题，中国资本家不应该把他们的财力用到这种奢侈事业上去。"

　　我听了这个故事，很替我们的国家民族感觉惭愧。我们谈这件事的时候，火车正到了符离站，车站两旁的空地上满堆着一袋一袋的粮食，一座一座的小山，用芦席盖着，在那蒙蒙细雨里霉烂着，静候"车皮"来运输！站上的人说车辆实在太少了，实在不够分配。我眼里望着那一山一山的粮食袋，心里想着江南的许多旱区的饥民，想着那每年两万万元的进口外国粮食，又想着前几天报纸上详细记载着的交通部新官邸的落成典礼，——我的脑筋又在那儿跑野马了。我想起民国十六年我过日本时看见大地震后的第四年东京的政府机关，多数还在洋铁皮的屋顶之下办公，我不能不感觉这几年我国政府新建筑的一些官邸未免太华丽了，不是我们这个不曾解决人民吃饭问题的多难国家顶需要的。我又想：铁道部和交通部为什么不能合并作一部呢？为什么这些国家交通事业不能减政裁人省出一点钱来多买一些必需的车辆呢？为什么要让人民的粮食堆积在雨地里受湿呢？我又想起广东去年起开征外国米进口税，暹罗政府就立刻免除暹罗米的出口捐，所以暹罗米入口额仍旧不减退，而湖南运来的米，还不能和洋米竞争。我这样胡思乱想，就引起了我的第二个新年梦想了。我梦想的是：在这一年里，我们的政府能充分运用关税政策和交通政策来帮助解决民食的问题；单有粮食进口税是不够的，广东的先例可以借镜；我们必要充分办到全国粮食的生产与需要的调剂，方才可以避免某一区域丰收成灾而某一区域嗷嗷待哺的怪现状。国家的交通机关必须要充分效率化，必须要节省浪费来补充必要的车辆与船只，必须把全国粮食的调剂为国家运输政策的一个最重要部分。如果这一年外国粮食进口额能从两万万多元减少到一万万元以下，那才不枉负我们又痴长一岁了。

  新年的梦想还多着呢！我当然梦想全国的真正统一，当然梦想全国的匪患肃清，当然梦想全国精诚一致地应付那逼人而来的绝大国际危机，当然梦想中国的学术界在这一年中有惊人的进步……但火车震动得太厉害了，太长的好梦容易惊破，所以我只能把这两个小希望写出来，作为我给《大公报》的读者贺新年的祝辞。

二十三，十二，三十

宁鸣而死,不默而生

原载《自由中国》第一二卷第七期
一九五五年四月一日

几年前,有人问我,美国开国前期争自由的名言"不自由,毋宁死"(原文是 Patrick Henry 在一七五五年的"给我自由,否则给我死","Give me liberty, or give me death"),在中国有没有相似的话。我说,我记得是有的,但一时记不清是谁说的了。

我记得是在王应麟的《困学纪闻》里见过有这样一句话,但这几年我总没有机会去翻查《困学纪闻》。今年偶然买得一部影印元本的《困学纪闻》,昨天检得卷十七有这一条:

范文正《灵乌赋》曰:"宁鸣而死,不默而生。"其言可以立儒。

"宁鸣而死,不默而生",当时往往专指谏诤的自由,我们现在叫作言论自由。

范仲淹生在西历九八九年,死在一〇五二年,他死了九百零三年了。他作《灵乌赋》答梅圣俞的《灵乌赋》,大概是在景佑三年(一〇三六),他同欧阳修、余靖、尹洙诸人因言事被贬谪的时期。这比亨利柏德烈的"不自由,毋宁死"的话要早七百四十年。这也可以特别记出,作为中国争自由史上的一段佳话。

梅圣俞名尧臣,生在西历一〇〇三年,死在一〇六一年。他的集中有《灵乌赋》。原是寄给范仲淹的，大意是劝他的朋友们不要多说话。赋中有这句子：

> 凤不时而鸣，
>
> 乌哑哑兮招唾骂于里闾。
>
> 乌兮，事将乖而献忠，
>
> 人反谓尔多凶。……
>
> 胡不若凤之时鸣，
>
> 人不怪兮不惊！……
>
> 乌兮，尔可，
>
> 吾今语汝，庶或我（原作汝，似误）听。
>
> 结尔舌兮铃尔喙，
>
> 尔饮啄兮尔自遂，
>
> 同翱翔兮八九子，
>
> 勿噪啼兮勿睥睨，
>
> 往来城头无尔累。

这篇赋的见解、文辞都不高明。（圣俞后来不知因何事很怨恨范文正，又有《灵乌后赋》，说他"憎鸿鹄之不亲，爱燕雀之来附。既不我德，又反我怒。……远己不称，昵己则誉"。集中又有《谕乌诗》，说："乌时来佐凤，署置且非良，咸用所附己，欲同助翱翔。"此下有一长段丑诋的话，好像也是骂范文正的。这似是圣俞传记里一件疑案，前人似没有注意到。）

范仲淹作《灵乌赋》，有自序说：

> 梅君圣俞作是赋，曾不我鄙，而寄以为好。因勉而和之，庶几感物之意同归而殊途矣。

因为这篇赋是中国古代哲人争取自由的重要文献，所以我多摘抄几句：

灵乌，灵乌，

尔之为禽兮何不高飞而远翥？

何为号呼于人兮告吉凶而逢怒！

方将折尔翅而烹尔躯，

徒悔焉而亡路。

彼哑哑兮如诉，

请臆对而忍谕：

我有生兮累阴阳之含育，

我有质兮虑天地之覆露。

长慈母之危巢，

托主人之佳树。

……

母之鞠兮孔艰，

主之仁兮则安。

度春风兮既成我以羽翰，

眷高柯兮欲去君而盘桓。

思报之意，厥声或异：

忧于未形，恐于未炽。

知我者谓吉之先，

不知我者谓凶之类。

故告之则反灾于身，

不告之则稔祸于人。

主恩或忘，我怀靡臧。

虽死而告，为凶之防。

亦由桑妖于庭，惧而修德，俾王之兴；

雉怪于鼎，惧而修德，俾王之盛。

天听甚迩，人言曷病！

彼希声之凤凰，

亦见讥于楚狂。

彼不世之麒麟，

亦见伤于鲁人。

凤岂以讥而不灵？

麟岂以伤而不仁？

故割而可卷，孰为神兵？

焚而可变，孰为英琼？

宁鸣而死，不默而生！

胡不学太仓之鼠兮，

何必仁为，丰食而肥？

仓苟竭兮，吾将安归！

又不学荒城之狐兮，

何必义为，深穴而威？

城苟圮兮，吾将畴依！

……

我乌也勤于母兮自天，

爱于主兮自天，

人有言兮是然。

人无言兮是然。

这是九百多年前一个中国政治家争取言论自由的宣言。

赋中"忧于未形，恐于未炽"两句，范公在十年后（一〇四六），在他最后被贬谪之后一年，作《岳阳楼记》，充分发挥成他最有名的一段文字：

嗟夫，予尝求古仁人之心……不以物喜，不以己悲，居庙堂之高则忧其民，处江湖之远则忧其君，是进亦忧，退亦忧，然则何时而乐耶？其必曰："先天下之忧而忧，后天下之乐而乐"乎？噫，微斯人，吾谁与归？

当前此三年（一〇四三）他同韩琦、富弼同在政府的时期，宋仁宗有手诏，要他们"尽心为国家诸事建明，不得顾忌"。范仲淹有《答手诏条陈十事》，引论里说：

我国家革五代之乱，富有四海，垂八十年。纲纪制度，日削月侵，官壅于下，民困于外，夷狄骄盛，寇盗横炽，不可不更张以救之。……

这是他在那所谓"庆历盛世"的警告。那十事之中，有"精贡举"一事，他说：

国家乃专以辞赋取进士，以墨义取诸科。士皆舍大方而趋小道。虽济济盈庭，求有才有识者，十无一二。况天下危困，乏人如此，将何以救？在乎教以经济之才，庶可以救其不逮。或谓救弊之术无乃后时？臣谓四海尚完，朝谋而夕行，庶乎可济。安得晏然不救，坐俟其乱哉？……

这是在中原沦陷之前八十三年提出的警告。这就是范仲淹所说的"忧于未形，恐于未炽"；这就是他说的"先天下之忧而忧"。

从中国向来知识分子的最开明的传统看，言论的自由、谏诤的自由，是一种"自天"的责任，所以说，"宁鸣而死，不默而生"。

从国家与政府的立场看，言论的自由可以鼓励人人肯说"忧于未形，恐于未炽"的正论危言，来替代小人们天天歌功颂德、鼓吹升平的滥调。

（纽约读书笔记）

附录 —— 胡适年谱

1891年12月17日

出生于上海大东门外,取名嗣穈。读书时取名洪骍,又改名适,字适之。父亲胡传,官至台东直隶州知州。生母冯顺弟,是普通农家女子。

1895年,4岁

入私塾读书。

1895年,5岁

由台湾回上海,后回家乡。

1904年,13岁

结束了私塾学业。私塾九年,读了《论语》、《孟子》、《易经》、《礼记》等儒家经典。这年,其母为他定亲,女名江冬秀。后随三哥离家去上海,就读于梅溪学堂。

1905年,14岁

改入澄衷学堂。这年,其二哥给他取名胡适,字适之。

1906年,15岁

考入中国公学,加入竞业学会。在《竞业旬报》上连载他编写的白话小说《真如岛》。

1908年，17岁

　　担任《竞业旬报》主编。

1909年，18岁

　　到北京参加留学美国的考试，正式使用胡适的名字；入美国康奈尔大学选读农科。

1912年，21岁

　　弃农科改入文学院，主修哲学。

1914年，23岁

　　获康奈尔大学文学学士学位。与赵元任等发起组织科学社，出版《科学》月报，译出都德的小说《柏林之围》。

1915年，24岁

　　入哥伦比亚大学从杜威修哲学。

1916年，25岁

　　在《新青年》上发表《文学改良刍议》。九月就任北京大学教授。创办哲学研究所并任该所主任，兼任英文科教授会主任。写成《先秦诸子进化论》、《诸子不出于王官论》等论文。年底回家与江冬秀完婚。

1918年，27岁

　　参加《新青年》的编辑工作。发表《建设的文学革命论》、《易卜生主义》、《贞操问题》、《美国的妇人》等文。

1919年，28岁

　　商务印书馆出版其著作《中国哲学史大纲》上卷。聘请杜威来华讲学。发表《实验主义》、《多研究些问题，少谈些主义》、《不朽》、《谈新诗》、《新思潮的意义》等文。与蒋梦麟等会见孙中山。

1920年，29岁

《尝试集》出版。与顾颉刚讨论古书辨伪问题。著有《研究社会问题的方法》、《论女子为强暴所污》、《水浒传考证》等文。

1921年，30岁

写成《<红楼梦>考证》一文。《胡适文存》第一集由亚东图书馆出版。

1922年，31岁

被推举为北京大学教务长。负责筹备《国学季刊》。入"清宫"见溥仪。设法营救陈独秀。《章实斋年谱》和其博士论文出版。

1924年，33岁

与印度诗人泰戈尔在北京多次交谈。与徐志摩等组织"新月社"。《胡适文存》二集出版。

1925年，34岁

完成《戴东原的哲学》一书。

1926年，35岁

任英国庚款咨询委员会中国委员，辞去北大教授职务。赴英参加庚款咨询委员会会议。

1927年，36岁

《戴东原的哲学》、《词选》均由商务印书馆出版。

1928年，37岁

接任中国公学校长并兼文理学院院长。出版《白话文学史》一书。

1929年，38岁

因在《新月》上发表《人权与约法》、《我们什么时候才可以有宪法》等文，上海市特别党部呈请将胡适撤职查办。国民党教育部发布对胡适的警告令。

1930年，39岁

辞去中国公学校长职务。回北京居住。《胡适文存》三集及《胡适文选》出版。

1931年，40岁

受校长蒋梦麟之聘任北京大学文学院院长兼中文系主任。出版《淮南王书》、《中国中古思想史的提要》等书。

1932年，41岁

受国民政府主席林森之聘任全国财政委员会委员。与丁文江等创办《独立评论》。德国普鲁士国家学院聘胡适为该院哲学史学部通讯会员。设法营救陈独秀。将著作《淮南王书》一册送给蒋介石。

1933年，42岁

回绝汪精卫要他出任教育部长和驻德公使之请。到加拿大出席太平洋国际学会。《四十自述》《短篇小说》第二集出版。

1935年，44岁

到香港接受香港大学授予的法学博士学位。出席中国哲学会第一届年会并致开幕词，被选为中央研究院第一届评议会评议员。

1936年，45岁

参加在美国举行的太平洋国际学会第六届年会，并当选为副会长。反对张学良的逼蒋抗日行动，写出《张学良的叛国》一文。

1937年，46岁

与蒋介石、汪精卫多次会见，为国防参议会参议员。以非官方身份出游欧美，拜会美国总统罗斯福。在美国各地及加拿大发表关于中国抗战的演讲。

1938年，47岁

任国民参政会参政员。出任国民党驻美大使。

1939年，48岁

  在美国活动阻止美国会修正中立法案获成功。获哥伦比亚大学名誉法学博士学位。

1942年，51岁

  离任驻美大使，但继续留住美国。

1945年，54岁

  担任国民党政府参加旧金山联合国大会代表。作为中国代表团首席代表出席在伦敦召开的联合国教科文组织会议，并提议于1949年纪念孔子诞生二千五百周年。

1946年，55岁

  回国。就任北京大学校长。当选为协和医院董事长。

1948年，57岁

  当选为中央研究院第一届院士。回绝李宗仁、蒋介石劝其参加竞选总统之意，辞任行政院长。与清华大学校长梅贻琦联名致电教育部长朱家骅，反对军警入校逮捕学生。

1949年，58岁

  去台湾安置家属后即去美国谋求美援。辞李宗仁"外交部长"之聘。创刊《自由中国》杂志。次子胡思杜发表声明与胡适断绝父子关系。

1952年，61岁

  回台湾。担任联合国教科文组织世界人类科学文化史编辑委员会委员。在台湾大学讲演《治学方法》。

1954年，63岁

  出席"国大"二次会议任临时主席，并代表大会向蒋介石送"总统"连任证书。离台去美讲学。

1958年，67岁

  回台湾。就任"中央研究院"院长，主持第三次院士会议。

1962年，71岁

  2月24日主持"中央研究院"第五次院士会议。下午六点半，在欢迎新院士酒会席散时，因心脏病发致死。

  （此年谱参考了耿云志《胡适研究论稿、年谱》、《四十自述》一书附录的"胡适年表简编"，唐德刚《胡适的自传》等书。）